ALMA DE
BRUXA

AVISO

A editora e seus escritores não se responsabilizam por eventuais lesões ou prejuízos sofridos pelo leitor que possam decorrer da utilização do conteúdo presente nesta obra e sugerem prudência ao ponderar sobre as práticas apresentadas neste livro. O conteúdo desta leitura não tem como objetivo substituir orientações de profissionais da área médica ou psicológica. Recomenda-se aos leitores procurar seus especialistas em saúde pessoal para tratamentos. O uso de ervas, plantas e óleos essenciais deve ser feito com cuidado, e uma investigação detalhada acerca de qualquer planta citada neste livro deve ser conduzida pelo leitor antes de manuseá-la. Ao lidar com fogo, siga as medidas de segurança contra incêndios e jamais deixe velas ou outras fontes incandescentes sem supervisão.

Raven Grimassi

Alma de Bruxa

Religião e Espiritualidade na Bruxaria Contemporânea

Editora Ardane

Publicado originalmente em inglês sob o título: Spirit of the Witch: Religion & Spirituality in Contemporary Witchcraft
©2003 Raven Grimassi
Published by Published by Llewellyn Publications - Woodbury, MN 55125 USA, www.llewellyn.com

Tradução autorizada do inglês

Direitos de edição para a Língua Portuguesa
© Editora Ardane

Editor: Claudiney Prieto
Coordenação Editorial: Luciana Papale
Tradução: Claudiney Prieto
Diagramação: Ana Laura Padovan
Capa: Ardane Books
Revisão: Grupo Papale's

DADOS INTERNACIONAIS DE CATALOGAÇÃO NA PUBLICAÇÃO (CIP)
CÂMARA BRASILEIRO DO LIVRO, SP, BRASIL

G861 Grimassi, Raven
Alma de Bruxa / Raven Grimassi; tradução de Claudiney Prieto
Editora Ardane| 1ª edição | São Paulo | 2023

Tradução de: Spirit of the Witch
ISBN 978-65-85370-01-1

l. Wicca. 2. Esoterismo. 3. Bruxaria. 4 Magia I. Título.

CDD 133.43
CDU 133.4

Índice para catálogo sistêmico:
1. Bruxaria: Ocultismo 133-43

EDITORA ARDANE
www.ardane.com.br
Tel.: (11) 97774-4013 | E-mail: contato@ardane.com.br
Instagram: @ardanebooks

Este livro é dedicado
em agradecimento aos meus leitores,
antigos e novos, cujo apoio fiel
me permite viver feliz como escritor.

SUMÁRIO

Venha para a floresta,
o espírito está chamando você.
Venha para os caminhos
que os antigos conheciam,
e que foram preservados para você.
Venha para os caminhos.

Venha para a floresta,
o espírito está chamando você.
Venha para a floresta,
onde as fadas correm livres
e os Antigos estão.
Venha para a floresta.

Venha para a floresta,
o espírito está chamando você.
Venha para os caminhos
e trilhe os caminhos ao luar
em direção aos círculos dançados.
Venha para a floresta...

Raven Grimassi

INTRODUÇÃO

Escrevi este livro para transmitir uma ideia do que tem de mais nobre e belo na espiritualidade dos Bruxos. Ao fazer isso, percebi que é difícil transmitir em palavras o que é mais bem aceito pela experiência direta, pois não há melhor maneira de realmente aprender sobre alguém do que gastarmos algum tempo juntos.

Vários anos atrás, fui convidado para um encontro de fim de semana de Bruxos e outros praticantes da religião da Terra. Como na maioria dessas reuniões, o evento foi realizado em um ambiente natural de árvores e prados florestais, longe do zumbido e da agitação da vida urbana. Foi uma chance de relembrar e de reconhecer o dom simples e precioso da própria vida.

Certo dia, fui convidado a assistir a uma celebração noturna que aconteceria em uma clareira cercada por árvores. A única fonte de luz era a lua cheia, filtrada suavemente pelos galhos de velhos carvalhos. Fiquei do lado de fora de um Círculo Ritual de pedras marcadas no chão e esperei. Em pouco tempo, com a aproximação de uma névoa à deriva, várias figuras surgiram lentamente da escuridão da noite e se moveram em minha direção. No início havia apenas algumas figuras, e então, gradualmente, uma procissão fluiu silenciosamente ao luar. Os Bruxos estavam vindo para venerar os antigos Deuses de seus ancestrais.

Durante o dia anterior, eu tinha visto muitas dessas pessoas em vários acampamentos. Algumas vestiam jeans e camisetas, outras, trajes de camponeses, como as roupas da Era Renascentista. Mas aqui, à noite, envoltos em veludo macio e mantos de algodão com capuz, cada pessoa parecia magicamente transformada.

Com suas feições obscurecidas e rostos quase invisíveis, tudo o que restava era o sentimento simples que cada pessoa gerava.

Durante o ritual, cada pessoa se movia e falava com uma reverência e majestade que indicava a espiritualidade interior do Bruxo. Eram pessoas de diferentes lugares, faixas etárias, etnias e origens socioeconômicas, todas unidas na veneração da Natureza. Suas diferenças pessoais deram lugar à harmonia da comunhão que unia a todos naquele Círculo sob a Lua.

Nas páginas deste livro, vou familiarizá-lo com a espiritualidade dos Bruxos e apresentá-lo às coisas que conferem poder aos adeptos à Bruxaria em sua vida diária e espiritual. Ao longo dos capítulos deste livro, o Bruxo será revelado como um cidadão que vive e trabalha como todos os outros, bem como um ser espiritual que busca alinhamento com o mundo natural. Pois o Bruxo é um buscador do equilíbrio e transita, por vontade própria, entre os reinos do dia comum e a noite cheia de estrelas.

É minha esperança que, ao revelar a beleza da espiritualidade dos Bruxos, as raízes do preconceito, da ignorância e da intolerância religiosa murcharão na dura luz da verdade. Nem todo mundo quer acreditar na Bruxaria como uma religião viável e saudável. Muitas pessoas continuam presas aos estereótipos herdados que formaram suas visões e opiniões.

Vários anos atrás, fui coproprietário de uma loja Pagã chamada *Raven's Loft*, que ficava em Escondido, na Califórnia. Certa tarde, durante uma temporada de Halloween, eu estava olhando pela janela da loja quando notei um grupo de jovens pintando cenas nas vitrines das lojas ao longo da avenida. Em várias das janelas de meus colegas comerciantes havia representações de Bruxas velhas com peles verdes, dentes quebrados, verrugas e cabelos compridos emaranhados.

Pensei comigo mesmo: não é estranho que aqui, no século 21, uma sociedade que professa ser contra o racismo, a intolerância aos estilos de vida alternativos e muitas faces do preconceito, ainda ache aceitável difamar publicamente uma religião específica ou grupo de pessoas usando uma forma de expressão artística?

Um dos problemas é que, muitos não Bruxos não sabem que a Bruxaria é uma religião e um caminho espiritual. Eles foram induzidos ao erro de acreditar que a Bruxaria consiste apenas em lançar feitiços para ganho pessoal e que as Bruxas estão ligadas ao que a teologia judaico-cristã chama de "Diabo". Para a maioria dos não Bruxos, a Bruxaria é algo muito distante de sua vida e de sua consciência, mas o que eles não percebem é que a Bruxaria é uma das religiões que mais cresce no mundo hoje.

Como autor, muitas vezes tenho a oportunidade de viajar para comparecer em livrarias, convenções e festivais. Isso me colocou diretamente no centro de um grande número de indivíduos que se definem como Bruxos. O que descobri é que os Bruxos são praticamente os mesmos onde quer que os tenha encontrado, de costa a costa.

Eu me sentei com outros Bruxos ao redor de fogueiras até tarde da noite. Compartilhamos refeições e tive a honra de estar ao lado deles no Espaço Sagrado de nossos Círculos Rituais, onde nos reunimos para venerar nossas divindades. O que descobri são pessoas de natureza generosa, pessoas amorosas, calorosas e de mente aberta, que são calmamente tolerantes com as crenças e estilos de vida de outras pessoas.

A grande maioria dos Bruxos que conheci ao longo dos anos são pessoas bem-educadas, inteligentes, confiantes, de bom caráter e que também possuem uma vontade forte e uma natureza independente. Bruxos são pessoas que se preocupam com o planeta em que vivemos e que se preocupam com as comunidades em que vivem. Eu nunca conheci um Bruxo que não tivesse opinião e desejo de compartilhá-la.

Durante minhas viagens como autor, muitos Bruxos comentaram comigo que há uma superabundância de livros sobre Magia, lançamento de feitiços e as práticas fundamentais da Bruxaria. Eles sempre perguntam por que não temos livros escritos inteiramente sobre o tópico da espiritualidade da Bruxaria. Embora eu pudesse pensar em alguns livros que continham um capítulo aqui e ali sobre a espiritualidade da Arte, tive que admitir que não conhecia nenhum volume completo dedicado ao tema.

No decorrer de uma reunião com meu editor, mencionei isso e a resposta foi "Ok, então escreva um". Sendo em muitos aspectos um ariano típico, aceitei o desafio sem considerar o assunto o suficiente. Mais tarde, refleti sobre o ditado *"Pergunte a opinião de três Bruxos e você terá quatro pontos de vista diferentes"*. Portanto, para os propósitos deste livro, tentei me concentrar no que acredito serem os elementos comuns que observei pessoalmente na espiritualidade dos Bruxos.

Existem alguns Bruxos que não vão concordar com o que escrevi neste livro, e eu ficaria um tanto desapontado e extremamente surpreso se todos concordassem. Sempre que alguém coloca seres humanos no meio, vai haver política, e a Bruxaria não é uma exceção. Sabendo que não havia como não ser desfavorecido por um ou outro grupo, decidi simplesmente trazer para esse projeto meus trinta anos de envolvimento na comunidade da Bruxaria e tudo o que pessoalmente discerni nesses anos.

Não é minha intenção me apresentar como o principal porta-voz da Bruxaria, porque não sou, e ninguém é. Eu me vejo como uma de muitas vozes, nem maior nem menor do que qualquer outra voz. Minhas opiniões são, no entanto, bem formadas e simplesmente ofereço este livro como uma obra de educação pública muito necessária.

Este trabalho cobre uma ampla gama de tópicos na tentativa de revelar os elementos religiosos da Bruxaria e o ponto de vista espiritual de seus praticantes. Para este fim, incluí material relacionado às conexões culturais, literárias, antropológicas e históricas. Além disso, apresentei material relacionado às tradições orais dos próprios Bruxos. Eu sinto que, para entender a Bruxaria como uma religião e como um caminho espiritual, todas as perspectivas têm valor.

Vamos examinar aqui as raízes da Bruxaria reveladas na etimologia das primeiras referências, bem como os elementos de fundo dos primeiros contos escritos sobre Bruxas, começando por volta de 700 AEC. Embora muitos desses contos sejam fictícios, deve-se observar que, quando um escritor cria uma ficção, ele normalmente usa fatos da estrutura geral de apoio. Por exemplo, um livro contemporâneo sobre um ser imaginário vagando pelas ruas de Nova Iorque ainda empregaria elementos coloquiais autênticos relacionados ao povo, ambiente e cultura de Nova Iorque. Portanto, não é irracional supor que tais elementos válidos existam também nos contos de antigos escritores sobre Bruxaria.

Parece que faz parte da natureza humana difamar os inimigos. Sei que cresci nos Estados Unidos ouvindo que os russos eram uma raça do mal e não tenho dúvidas de que, na Rússia, naquela época, as crianças também acreditavam que os americanos eram maus. Conheci um bom número de russos quando adulto e ainda não encontrei um que classificaria como mau, ou mesmo como uma pessoa má ou indelicada. Campanhas de difamação só servem para ganhar o apoio involuntário do público para as agendas ocultas daqueles que lucram com as pessoas que acreditam na propaganda.

Para enganar as pessoas, os criadores do engano devem fazer com que a imagem distorcida do inimigo pareça razoável. Para tanto, o cenário deve parecer natural, bem como os adereços, condições e assim por diante. No caso de retratar as Bruxas como más, a mesma fórmula deve ser aplicada. Portanto, o escritor precisaria incorporar elementos conhecidos e aceitos sobre Magia, instrumentos rituais e crenças gerais do folclore/magia popular. Em um cenário que é familiar para as pessoas da época, o escritor pode então retratar a Bruxa como má, louca, pervertida ou de qualquer maneira que se adapte à pauta fraudulenta de quem escreve.

Os escritos antigos sobre Bruxas e Bruxaria contêm uma grande quantidade de material de base que reflete fragmentos e recortes etnográficos que podem ser importantes para separar fatos pertinentes de enganos intencionais. Eu uso este material para obter uma imagem mais clara do que as pessoas que viveram nessa época acreditavam a respeito da inclusão acidental de instrumentos, acessórios, roupas, expressões comuns específicas e assim por diante.

Ao longo deste livro, incorporei também algumas referências históricas e etnográficas relacionadas aos Instrumentos da Bruxaria. Meu propósito era, em parte, trazer à luz a importância que esses elementos tiveram para os praticantes ao longo dos séculos. Além disso, desejava demonstrar a antiguidade e a longevidade de muitos componentes da Bruxaria que os céticos contemporâneos afirmam não serem nada mais do que construções modernas.

Este livro foi elaborado para fornecer não apenas uma visão geral de como as Bruxas veem a divindade, mas também para ilustrar como o conceito de divindade das Bruxas se manifesta nos ciclos da natureza. Para este fim, o livro também inclui rituais sazonais. Além disso, o leitor vai encontrar um material detalhado sobre a relação entre vários elementos da religião europeia pré-cristã e as crenças, costumes e práticas da Bruxaria moderna.

1

OS VELHOS MÉTODOS

A história a seguir é fictícia, mas a verdade que ela transmite é real e viável. Há muitos séculos, viveu uma mulher que era uma grande professora espiritual. Ela atraiu muitos buscadores para os ensinamentos que revelou e, ao seu redor, formou-se um grupo de discípulos devotados. Depois de muitos anos de estudo, os discípulos partiram para outras terras na esperança de divulgar os ensinamentos que haviam aprendido.

Os anos se passaram e certo dia os discípulos voltaram e procuraram sua antiga mestra. Assim que a encontraram, os discípulos lhe fizeram uma pergunta: "*Temos*", observou seu porta-voz, "*viajado para muitos países e descoberto diversos ensinamentos diferentes dos modos como você nos ensinou*". A mestra acenou com a cabeça calmamente em reconhecimento e o discípulo continuou: "*Estamos confusos, você pode nos dizer qual é a verdadeira religião?*" A mestra ergueu os olhos com um sorriso paciente e respondeu: "*Todas as religiões do mundo são como pérolas individuais. Cada uma delas se formou em torno de um grão de areia diferente, em águas diferentes, sob condições diferentes*". Então a mestra olhou diretamente para o porta-voz e disse baixinho: "*Mas se você me perguntar qual é a pérola verdadeira, direi que nenhuma delas é uma única pérola verdadeira. Em vez disso, a verdade é o fio que as atravessa, mantendo-as juntas como um colar, e essa é a única verdade que você busca*".

Essa história ilustra uma verdade importante. Quando eu ensinava Bruxaria como religião, há muitos anos, eu começava cada série de aulas com um ensinamento que chamo de "A Visão do Cristal". Eu colocava um pedaço de cristal muito grande e de formato estranho no chão. Em seguida, fazia com que os alunos se sentassem em círculo ao redor do cristal e pedia a cada um deles que descrevesse o que viu diante de seus olhos. Naturalmente, cada pessoa descrevia o cristal de maneira um pouco diferente, porque a perspectiva visual de cada indivíduo era diferente, de acordo com sua posição em relação ao cristal.

Algumas pessoas descreviam o cristal como sendo afiado e dentado. Outras descreviam o cristal como liso e polido, coberto com belas facetas. E ainda outras, homens e mulheres, retratavam o cristal de maneira diferente das descrições da maioria. Então, quem estava certo e quem estava errado? Qual a aparência real do cristal?

Em pouco tempo, ficava claro para todos que cada pessoa estava correta em sua percepção do cristal, mas que a "verdade" de cada um era apenas uma pequena parte de um todo muito maior que existia além da visão única de qualquer indivíduo. Também foi admitido que a "verdade" de uma pessoa não negava a "verdade" da outra. Todos simplesmente tinham sua visão e experiência pessoal do cristal. No final, falamos muito sobre o fato de que a única maneira de todos nós sabermos toda a verdade sobre o cristal era cada pessoa integrar as suas verdades às perspectivas compartilhadas por todas as outras pessoas.

Brincávamos um pouco sobre como seria estranho se todos na sala argumentassem que sua visão do cristal fosse a única visão verdadeira. Conversávamos sobre como um indivíduo pode ficar zangado com o fato de sua visão pessoal ser totalmente rejeitada por algumas ou todas as outras pessoas. Tudo parecia tão claro e simples naquela pequena sala com o cristal posicionado entre nós, mas infelizmente sabíamos que, no mundo real, as pessoas se odiaram e se mataram por milhares de anos devido à sua visão pessoal acerca do cristal, e muitos ainda o fazem hoje.

A história de como, quando e por que a religião se formou na sociedade humana é complexa e composta de muita especulação misturada com fatos. Quando estudamos as mitologias de diferentes regiões e os rituais de diferentes culturas, torna-se prontamente aparente que existe uma comunhão de pensamento e expressão entre todos eles.

Isso não é surpreendente, porque os seres humanos raciocinam e criam essencialmente de maneiras humanas.

Nos mitos e lendas de várias culturas, encontramos divindades e espíritos associados às necessidades e desejos básicos que todos os humanos compartilham. Existem divindades e espíritos que exercem poder sobre a vida, a morte, a cura, o amor, a fertilidade, a agricultura, a caça, a paz e a guerra. Nas crenças de todas as culturas humanas, encontramos a existência de oferendas, orações e lugares sagrados que novamente expressam a semelhança da conceituação humana.

As diferenças que encontramos nos rituais que existem em diferentes culturas residem na maneira como as coisas são feitas, e não na razão. As crenças que encontramos também diferem pouco, tendo diferentes rótulos e descrições para essencialmente os mesmos princípios primários e básicos. Apesar disso, a necessidade parece existir entre os humanos não apenas para criar diferentes religiões, mas também para criar diferentes denominações dentro de uma religião específica. Como espécie, parecemos gastar uma grande quantidade de energia focada no que nos separa uns dos outros, e não no que nos une.

Na religião da Bruxaria também podem ser encontradas diferentes denominações, chamadas de "Tradições". Muitas delas são construídas em torno de expressões culturais como a celta, a germânica, a nórdica, a italiana, a francesa, a húngara, a basca e assim por diante. Outras Tradições extraem-se de várias fontes externas (algumas das quais não têm nenhuma conexão cultural ou histórica) e são chamadas de "Sistemas Ecléticos". Algumas Bruxas preferem permanecer dentro da pureza de sua própria Tradição e não exploram as verdades que residem em outros sistemas (talvez, perdendo a oportunidade de expandir e enriquecer suas próprias crenças e práticas atuais).

Nos capítulos seguintes, não exploraremos as diferenças entre as Bruxas e seus pontos de vista, porque essas coisas não refletem realmente a Alma central da Bruxa. Em vez disso, examinaremos o que há de comum entre as coisas associadas à Bruxaria, que aparecem nos rituais, princípios e práticas básicos da Arte. Para entender a espiritualidade da Bruxa, devemos olhar para seus caminhos, que são sempre antigos e sempre novos.

Os velhos métodos

De acordo com a tradição oral, houve uma época em que as pessoas viviam em harmonia com a Natureza, veneravam o mundo em que viviam e entendiam seu lugar significativo no esquema das coisas. Era um mundo no qual não havia sentido de "selva", porque não havia civilização para comparação. Para nossos ancestrais, as florestas e cavernas eram simplesmente um lar.

Os primeiros humanos viviam em pequenas tribos ou grupos familiares. As regras para viverem juntos eram simples e naturais. A sobrevivência do grupo dependia do trabalho conjunto para obter alimentos, fornecer proteção, criar abrigo e garantir a sobrevivência. Regras sociais e tabus evoluíram ao longo do tempo por uma série de razões. Certos comportamentos eram esperados, alguns tolerados e outros punidos. Tudo isso se baseava na manutenção da paz, segurança e harmonia dentro do grupo.

Nossos ancestrais eram caçadores-coletores, coletando plantas comestíveis e seus frutos, bem como matando animais. Cada parte de todas as coisas caçadas ou coletadas era usada sempre que possível, nada era desperdiçado. Os caçadores passaram a respeitar os animais que caçavam e assim surgiu uma crença primitiva, por meio da qual o espírito do animal morto era honrado.

Em algumas culturas, tanto na Europa quanto na América do Norte, era um elemento comum dos "rituais de caça" comer o coração quente de uma criatura morta que, na maioria dos casos, era um cervo ou algum outro animal com chifres. Esse ato geralmente era realizado com a crença primitiva de que o poder e a coragem do animal passariam para o caçador. Alguns caçadores modernos ainda realizam esse ato como um rito de passagem ao matar sua primeira presa.

Na Bruxaria, esse conceito mágico básico se enquadraria na categoria de "Magia de Contágio", um antigo ensinamento que diz que quando qualquer coisa entra em contato com outra coisa, ocorre uma troca entre as duas. Um exemplo comum é colocar um cubo de açúcar em uma xícara de chá quente. O cubo de açúcar então se torna líquido como o chá e o chá se torna doce como o cubo de açúcar. Eles, em certo sentido, tornaram-se iguais um ao outro.

Viver no coração da Natureza permitiu que as pessoas permanecessem em contato com a essência vitalizante de um ambiente natural. Essa essência vital é uma das razões pelas quais as pessoas modernas se sentem revigoradas depois de acampar na floresta por alguns dias. Os lugares têm auras ou campos de energia que podem fazer com que os humanos se sintam de alguma maneira confortável ou não, e é por isso que escolhemos um lugar específico para acampar, ou mesmo um lugar para nos sentar. Simplesmente aquilo "parece" certo para nós no momento. Cidades e edifícios também têm auras e fazem as pessoas se sentirem de uma determinada maneira.

Como os edifícios são objetos sem vida, eles absorvem energia em vez de purificá-la e renová-la, como fazem as árvores, os prados e outros ambientes naturais. Locais artificiais criados por humanos tendem a esgotar nossa energia e são pesados para nosso espírito. Em uma tentativa subconsciente de contrabalançar tais influências, as pessoas trouxeram plantas e animais para dentro de casa e muitas vezes cercam suas residências e vários prédios com grama e árvores. Infelizmente, essa tentativa de fingir que ainda vivemos na floresta é enfraquecida pelo asfalto, concreto, metal e estuque que absorvem e retêm a energia natural.

Para a Bruxa, manter uma conexão vital e viva com os espíritos da Natureza é de grande importância. Isso é feito de várias maneiras. O primeiro passo é estabelecer um relacionamento com suas divindades, bem como com os espíritos da Natureza (qualquer que seja a escolha de definir tais coisas). É um ensinamento antigo que todo objeto natural contém, dentro de si, uma centelha de consciência que é a "Fonte de Todas as Coisas". Um dos termos usados para este tipo de consciência era a palavra *numen*.

Acreditava-se que um *numen* era um espírito que habitava um objeto ou presidia um lugar específico. À medida que o conceito evoluiu, ele passou a ser visto como uma consciência ou espírito dentro de todas as coisas que deu poder às formas na Natureza. Eventualmente, o conceito *numen* foi transformado nos Deuses e Deusas menores, que antes eram simplesmente os espíritos das florestas, rios, riachos e outros aspectos da Natureza.

O relacionamento com a própria divindade e os espíritos da Natureza mantém a Bruxa dentro do fluxo de energia que vitaliza o mundo natural. Por extensão, a Bruxa também vai desenvolver algum relacionamento com determinado animal, como um gato, por exemplo, que pode servir como seu "familiar". O familiar, em sua forma animal, é um elo com o mundo natural, do qual está menos afastado do que o ser humano civilizado. Essa relação também faz parte do princípio da Magia de Contágio, conforme definido anteriormente.

A segunda etapa da Bruxa é trabalhar com plantas. Isso pode ser tão simples quanto manter alguns vasos de plantas em casa, ou tão elaborado quanto manter um clássico jardim inglês ao ar livre. Cultivar e cuidar das plantas ajuda a estabelecer e a manter um relacionamento com o espírito da Natureza. Para a Bruxa, o mundo da Natureza é dividido em reinos, que costumam ser chamados de "Reino das Plantas", "Reino dos Animais" e "Reino dos Minerais".

Os três reinos são pontos de conjunção que ajudam a Bruxa ou o Bruxo a manter sua conexão com a alma da Natureza. Tradicionalmente, os Bruxos estão unidos ao Reino das Plantas por meio da fitoterapia, ao Reino Animal através do espírito familiar ou de seu animal de poder e ao Reino Mineral com uso de cristais e pedras de todas as variedades.

A terceira etapa da Bruxaria é a realização de rituais ligados às estações da Natureza, bem como às fases da lua. É um antigo ensinamento que "semelhante atrai semelhante" e ser semelhante é aproximar-se de ser da mesma natureza da própria coisa. As estações do ano marcam as mudanças de energia em nosso planeta, o que é demonstrado pela migração de animais, bem como pelo crescimento e declínio das plantas e de tudo o que elas carregam.

A participação nos ritos sazonais coloca a Bruxa no fluxo direto de energia, que é desenhada e acumulada em círculos rituais. Aqui a Bruxa é banhada pela energia condensada evocada dentro do Círculo Mágico, e a aura do indivíduo é carregada com esse poder. Por meio da imersão contínua no fluxo de energia sazonal, a Bruxa se torna mais alinhada tanto com a energia quanto com a fonte dessa energia. Portanto, a Bruxa se torna mais parecida com a Natureza e as forças por trás da Natureza.

Bruxos observam a mudança das estações, valorizando os períodos de ganho e declínio e apreciando esse ciclo sempre repetido na Natureza. Aqui você pode encontrar conforto em saber que a perda e o declínio não são uma condição permanente. O inverno dá lugar à primavera, a primavera dá lugar ao verão e o verão ao outono, cada um em sua época. A Bruxa entende que faz parte dos ciclos da Natureza e abraça igualmente os atributos de cada um. Portanto, a Bruxa está enraizada no equilíbrio.

Uma árvore está enraizada na terra onde se fixa no mundo. Primavera, verão, outono e inverno circundam a árvore, cada estação trazendo mudanças para a vida dela. Algumas pessoas dizem que a árvore resiste ao inverno, mas na verdade é ela que resiste a cada estação. A árvore é constante no que é como um ser ao longo do ano, e as estações trazem apenas as respostas naturais dela, que não odeia o inverno nem ama o verão, simplesmente os experimenta e vive de acordo com a estação. Uma árvore é simplesmente parte do que está acontecendo ao seu redor, e isso também é verdade para a Alma da Bruxa.

Os rituais lunares na Bruxaria são projetados para alinhar a Bruxa com a energia da lua da mesma forma que os ritos sazonais. As fases crescentes da lua (indo da lua nova à lua cheia) são períodos de ganho, quando a energia conduz ao crescimento e à criatividade. Os períodos de minguante (indo desde logo após a lua cheia até a época da lua nova) são períodos de declínio, quando a energia da lua é propícia à decadência e à dissipação. Ao contrário das estações do ano, as energias lunares apresentam todo o seu ciclo no curto espaço de um mês. Isso torna a energia da lua ideal como uma fonte de Magia para os Bruxos acessarem. Mas a Magia é apenas uma pequena parte da Bruxaria.

A Lua desperta os sentidos psíquicos na Bruxa, o que permite a ela romper com a ilusão da forma e ver o mecanismo interno. A Bruxa pode olhar claramente para os cantos escuros e ocultos da psique humana, assim como a lua cheia pode iluminar a escuridão da noite. Esta é uma das razões pelas quais a Bruxa era temida por aqueles cujos corações não eram fiéis às suas palavras e ações. Esses indivíduos uma vez sancionaram o assassinato de Bruxas e ainda existem aqueles que também buscam nossa morte. Parece que a ignorância, a intolerância e os medos são características atemporais.

No próximo capítulo, vamos em busca da Bruxa para que possamos compreender melhor seu antigo espírito. De que outra forma podemos conhecer um povo, a menos que aprendamos algo sobre ele? Vamos prosseguir agora e desenvolver uma opinião informada, enquanto continuamos a examinar a *Alma da Bruxa*.

2

EM BUSCA DA BRUXA

Aqui estão muitas imagens diferentes de uma Bruxa. Algumas delas baseadas em fatos, enquanto outras são baseadas em mal-entendidos. Infelizmente, algumas imagens e crenças são baseadas na falsidade. Ao longo dos séculos, muito foi escrito sobre Bruxas em mitos, lendas, contos de fadas e histórias. A Bruxa tem sido muitas coisas para muitas pessoas, mas só pode ser verdadeiramente entendida com a adição de um relato feito por elas próprias.

Algumas pessoas podem se surpreender ao saber que a Bruxaria é uma religião e uma espiritualidade. A maioria das práticas e crenças encontradas na Bruxaria estão enraizadas na religião europeia pré-cristã. Além disso, encontramos na Bruxaria Moderna a inclusão de alguns conceitos místicos orientais originários da Índia e do Oriente, mas como veremos, não há nenhum personagem conhecido como "Diabo" ou "Satã" na religião da Bruxaria.

Escritos sobre Bruxas aparecem na literatura ocidental já no século 8 AEC. Na história pré-cristã da Europa não há associação ou menção de Bruxas em conexão com a entidade judaico-cristã conhecida como Satanás ou Diabo. O conceito de personificação do mal teve origem fora da Europa e foi importado posteriormente, quando o comércio com o Oriente Médio e o Egito foi desenvolvido.

A literatura mais antiga a mencionar Bruxas na civilização ocidental aparece na antiga região do Mar Egeu/Mediterrâneo. Aqui, as Bruxas primitivas eram associadas a várias Deusas, como evidenciado nos antigos escritos de Homero, Horácio, Lucano, Ovídio e outros. Essas Deusas não eram "más" por natureza e eram populares entre a classe baixa ou camponesa. Isso era particularmente verdadeiro nas áreas rurais, onde a Deusa Diana era altamente venerada e aparece na literatura antiga como uma Deusa adorada pelas Bruxas. A classe camponesa rústica era geralmente desprezada pelos povos das classes média e alta, que normalmente moravam nas cidades.

As primeiras divindades/entidades conectadas com Bruxas na literatura primitiva são principalmente Deusas da Lua e do reino da vida após a morte. Nos primeiros escritos da cultura ocidental a respeito das Bruxas, elas aparecem como mulheres bonitas e sedutoras. Dois exemplos são Circe e Medeia. A imagem estereotipada da Bruxa como velha e feia é aquela que evolui posteriormente ao longo de muitos séculos. Para o leitor que está interessado em saber mais sobre como esta imagem surgiu da difamação proposital das Bruxas e da promoção de sua imagem distorcida, meu livro anterior, *The Witches' Craft,* explora este tema detalhadamente[1]. Portanto, tratarei apenas brevemente aqui deste tópico.

Antes da transformação da bela imagem da Bruxa em uma figura horrenda, uma das representações fundamentais das Bruxas anteriores estava na antiga figura grega das *Graeae* ("Greias", em português). O nome *Graeae* significa "as cinzentas". Na mitologia, essas três irmãs têm os cabelos grisalhos desde o nascimento, simbolizando sua sabedoria e conhecimento. Hesíodo, em sua Teogonia, descreve-as "com rostos belos e cabelos cinzentos de nascença. Os Deuses, que são imortais, chamam-as de Graiai, e os homens que caminham sobre a terra dão a elas o nome de Pênfredo, vestida de beleza, e Ênio, vestida de açafrão.[2]"

De acordo com a lenda, as *Greias* possuíam grande sabedoria desde o nascimento e ficaram mais sábias com o passar dos anos. Elas não foram originalmente chamadas de "Bruxas" especificamente, mas tal identificação se tornou o padrão quando suas lendas foram recontadas no futuro. Na recontagem, as belas *Greias* da época de Hesíodo, tornam-se as Bruxas feias de um período posterior. Um exemplo é a representação das três Bruxas na obra de Shakespeare,

---

1. Grimassi, Raven. *The Witches' Craft* (Llewellyn Worldwide Ltd., St. Paul, Minn., 2002).

2. Lattimore, Richmond. *Hesiod: The Works and Days, Theogony, and The Shields of Herakles* (University of Michigan Press, Ann Arbor, Mich., 1959).

Macbeth, que é claramente baseada na imagem distorcida das *Greias* da mitologia grega. No entanto, conforme refletido nos protótipos da bela Medeia, de Circe e das belas *Greias*, é claro que as origens da imagem da Bruxa não estão enraizadas na feiura, mas, sim, na beleza.

Nos antigos contos gregos e romanos de Bruxas, como nas histórias de Medeia e de Circe, há menção de orar a uma Deusa. Na verdade, Medeia é retratada como uma Sacerdotisa da Deusa Hécate. A mais antiga referência escrita a Hécate aparece na obra de Hesíodo, Teogonia. Aqui, Hécate é retratada como uma grande Deusa favorecida por Zeus[3]. Só séculos mais tarde é que os escritores começaram a retratar Hécate como uma Deusa negra do Mundo Inferior. Curiosamente, à medida que os escritores transformam a natureza e a imagem de Hécate em algo sombrio e agourento, a imagem da Bruxa também é negativamente transformada de forma paralela durante os mesmos períodos literários.

Escritos antigos retratam a Bruxa vivendo longe das cidades. Vários escritores antigos do período clássico retratam as Bruxas vivendo entre "colinas cobertas de ervas" e em florestas isoladas. Este tema da Bruxa vivendo em ambientes naturais, literalmente dentro da Natureza, está conectado ao conceito de Bruxaria como uma religião da Natureza.

A primeira palavra usada na literatura ocidental para indicar uma Bruxa foi a grega *pharmakis*, "pessoa que possui o conhecimento das plantas" (particularmente os medicamentos extraídos delas). A palavra moderna "farmacêutico" é derivada dessa raiz grega. A etimologia sugere fortemente que os primeiros Bruxos parecem ter sido essencialmente fitoterapeutas.

Mais tarde, a palavra latina *saga pharmakis* foi substituída. *Saga* indicava uma pessoa que realizava atos de adivinhação ou previsão do futuro. A palavra moderna "sábio" é derivada da latina *saga*. Os romanos substituíram *saga* pela palavra latina *venefica*, que originalmente indicava uma pessoa que preparava poções de amor. O significado da palavra *venefica* foi posteriormente alterado por meio de um subterfúgio e passou a ser equiparado a envenenamento. Isso é abordado em detalhes em meu livro anterior *The Witches' Craft*[4].

3. Ibid.

4. Grimassi, 2002.

Uma das melhores maneiras de entender a verdade sobre as Bruxas é examinar as coisas que estão consistentemente associadas a elas desde os tempos antigos. Imagens familiares de uma Bruxa é a de uma mulher segurando uma vassoura e parada diante de um caldeirão com um fogo aceso embaixo dele. Às vezes, ela é retratada vivendo em uma cabana fora da aldeia, aninhada diante de sua lareira, sussurrando feitiços secretos durante a noite. Em alguns contos, a Bruxa vive sozinha em uma caverna ou nas profundezas de uma floresta.

No restante deste capítulo, examinaremos esses elementos associados às Bruxas e descobriremos a verdade que está por trás do preconceito e dos estereótipos que as cercam. Em nossa busca, devemos olhar para a vassoura, o caldeirão, a caverna, a árvore, a lareira e o fogo.

Os escritos antigos (particularmente entre os gregos) falam de um fogo "divino" ou "sagrado" que queimava no centro do Universo antes que o mundo fosse formado. Esse fogo era chamado de "Chama de Vesta", que precisava ser puro e intocado por qualquer coisa. Desse conceito surgiu a associação entre virgindade/castidade e a Deusa Vesta.

Nos tempos antigos, a virgindade e a castidade não eram automaticamente equiparadas como sendo o mesmo estado de ser. Uma natureza casta indicava que uma pessoa não se envolvia em atividade sexual com outra. Originalmente, um estado virginal significava que a pessoa nunca havia dado à luz. No antigo culto de Vesta, as mulheres eram obrigadas a serem virgens castas. O objetivo era simbolizar a pureza do poder independentemente externo, algo que não requer um relacionamento com outro.

O fogo foi uma das primeiras formas de representar a própria divindade. Vindo de debaixo da terra em forma de lava, o fogo também caiu do céu como um raio. O fogo fornecia calor, preparava refeições, produzia luz, protegia contra animais selvagens e transformava as matérias primas (argila em cerâmica, madeira em cinzas e assim por diante).

Na antiga mitologia grega, o fogo era originalmente uma propriedade exclusiva dos Deuses. De acordo com a lenda, o herói grego Prometeu roubou o fogo de Zeus (em alguns contos, foi de Hefesto, o Deus do Fogo) e o escondeu em um feixe de caules de erva-doce. Prometeu então entregou o fogo à humanidade. Em alguns contos do norte da Europa, um pássaro captura o fogo e o leva para a humanidade. Nesses mitos, o pássaro é uma carriça ou um pintarroxo. É interessante notar, que Prometeu está intimamente ligado a uma águia neste mito, o que pode ser um resquício de uma história anterior em que a águia recuperou o fogo dos Deuses.

Platão, em sua obra *Protágoras*, escreve que os Deuses criaram todas as criaturas mortais sob o solo, fazendo cada corpo de terra e fogo[5]. Este mito cria uma conexão entre o Submundo e o fogo. Como observamos anteriormente, o fogo veio debaixo do solo e também do céu. Nestes dois reinos, o fogo possuía formas diferentes: lava e relâmpago. Na terra, ele se manifestou como chama pura. Portanto, a essência do fogo existia nos três mundos: o Mundo Superior (Céus), o Mundo Médio (Terra) e o Mundo Inferior (Submundo).

Com o tempo, os humanos aprenderam a evocar o fogo da madeira usando o que é comumente conhecido como "método de simulação de incêndio". Esta técnica requer a colocação de um pedaço de madeira plano no chão. Um pedaço de pau é então afiado em uma extremidade e sua ponta é colocada contra o outro pedaço de madeira. Ambas as palmas das mãos são pressionadas juntas, com o graveto afiado firmemente entre elas. O movimento rápido das mãos gira o graveto rapidamente para frente e para trás em um movimento de perfuração. O calor resultante da fricção da madeira eventualmente faz com que uma chama saia da madeira no chão.

James Frazer, em seu livro *Myths of the Origin of Fire*, afirma que nas primeiras culturas primitivas a técnica de simulação de fogo foi associada ao ato sexual. Frazer também se refere a uma crença primitiva de que o fogo poderia ser provocado pelos órgãos genitais de uma mulher e que os primeiros mitos às vezes representavam as mulheres como dominadoras do fogo antes mesmo dos homens. Frazer escreve sobre uma conexão interessante entre fogo e mulheres:

> [...] Pois o fogo que é extraído da tábua pela fricção do graveto é naturalmente interpretado pelo selvagem como existindo na tábua antes de sua extração pelo graveto, ou, na linguagem mítica, como inerente à mulher antes de ser extraído pelo macho; assim como o

5. Lambardo, Stanley, and Karen Bell. Protágoras (Indianapolis: Hackett Publishing Co., 1992).

selvagem imagina que o fogo está armazenado em todas as árvores de onde ele o extrai por fricção. Assim, para o pensamento primitivo, pode parecer natural concluir que o fogo pertencia às mulheres antes de passar para os homens.

FRAZER, JAMES, *Myths of the Origin of Fire*. London, 1930.

Muitos dos elementos associados ao fogo que encontramos neste capítulo estão conectados às árvores. Os pássaros fazem ninhos nas árvores ou abrigam-se nos galhos. Os humanos usam a madeira das árvores para fazer fogo. As árvores também estão conectadas aos temas do Submundo e, portanto, voltam ao fogo novamente. Com o tempo, quando o fogo se tornou "domesticado", ele queimava na lareira cuidado pelas mulheres. Este importante tema será explorado posteriormente neste capítulo, mas primeiro devemos examinar o significado da própria árvore. A fim de entender isso, devemos saber algo sobre a visão primitiva do Mundo Inferior.

Para nossos ancestrais, o Submundo era um lugar de grande mistério. Eles acreditavam que a vida brotava do subsolo em forma de plantas. Para a mente primitiva, também pode ter parecido que algo sob o solo produzia criaturas como a cobra, a doninha, o texugo e outros animais que viviam em tocas. Nossos ancestrais sabiam que uma semente deve ser enterrada na terra para que uma planta cresça. Se a semente fosse guardada em uma bolsa, não produzia nada. Portanto, para a mente primitiva, o poder de criar uma planta não residia na semente, mas na terra. Aparentemente, havia algo sob o solo que gerava vida.

De uma perspectiva primitiva, o Sol e a Lua também surgiram do subsolo e voltavam lá novamente a cada dia/noite. Surgiu então a crença de que, no fundo do solo, existia "outro mundo". Este reino misterioso passou a ser chamado de "Submundo". As árvores, com suas raízes enormes se estendendo profundamente no solo, eram consideradas penetradoras do Mundo Inferior.

É do conhecimento comum que nossos ancestrais adoravam ou veneravam as árvores. Acredita-se que algumas árvores abrigam várias divindades e espíritos. Contos de árvores sagradas abundam na tradição europeia, como o carvalho, o freixo, o espinheiro, a sorveira, a bétula e muitas outras. Bosques sagrados foram estabelecidos e dedicados a vários Deuses e Deusas.

As árvores não estavam apenas enraizadas no Mundo Inferior, seus ramos se estendiam para o Mundo Superior. Os pássaros desciam e pousavam em seus galhos. Na tradição antiga, os pássaros eram mensageiros dos Deuses. Algumas das primeiras esculturas de divindades são figuras de pássaros, evoluindo, mais tarde, para figuras humanoides com cabeça de pássaro. Este tema pré-histórico sobreviveu entre as formas de divindades egípcias, muitas das quais têm cabeças de pássaros. Hórus com cabeça de falcão e Thoth com cabeça de íbis são apenas dois exemplos.

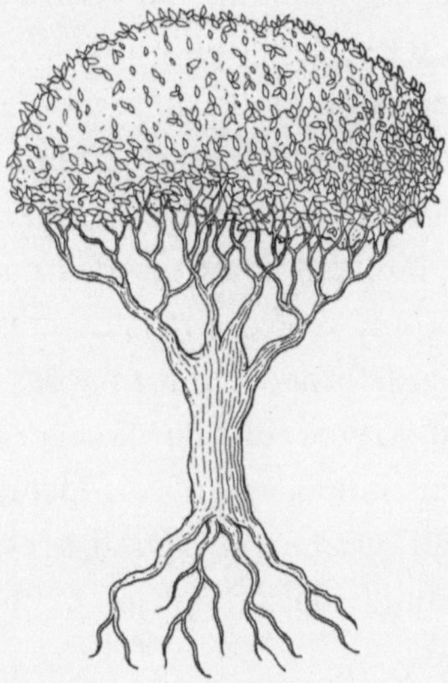

Antigamente, a imagem de uma árvore servia tanto como porta de entrada para o Submundo quanto como guardiã de sua entrada. Uma cavidade na base do tronco seria vista como uma porta de entrada para o reino das fadas ou para o Outromundo.

A árvore não apenas alcançou o Submundo e subiu para tocar o Mundo Superior, como também permaneceu firme no Mundo Intermediário da humanidade. Aqui estava seu tronco e, em muitos contos populares, um buraco na base da árvore era uma entrada para o Reino das Fadas ou o Outromundo. Galhos eram retirados das árvores como cajados, e mais tarde varinhas eram esculpidas para fins mágicos.

Na tradição do Mar Egeu/Mediterrâneo, o "ramo de ouro" permitia uma passagem segura para o Mundo Inferior. Já na tradição do norte da Europa, o "ramo de prata" permitia o acesso ao Reino das Fadas. O mítico Odin pendurado em uma árvore obteve a iluminação e a habilidade de prever o futuro por meio de um sistema rúnico. As figuras europeias do Deus morto eram amarradas a árvores, e até mesmo Jesus tecnicamente morreu em uma árvore também. Em algumas culturas, os mortos eram embrulhados em peles de animais e colocados nos galhos altos das árvores, que também serviram como forças primitivas.

As árvores eram tanto portas de entrada para o Submundo quanto guardiãs da entrada. Uma das portas mais clássicas era a caverna, muitas vezes escondida na floresta ou guardada pelo freixo, carvalho e/ou espinheiro. Cavernas eram usadas como cemitérios nos primeiros tempos e eram frequentemente marcadas com desenhos em espiral. Alguns antropólogos, como a falecida Marija Gimbutas, acreditam que a caverna serviu como um símbolo do útero, sugerindo uma crença no renascimento. O ciclo interminável do sol e da lua nascendo e se pondo em conexão com o Submundo sem dúvida sugeria o tema do nascimento, morte e renascimento.

Nos tempos antigos, as cavernas também eram usadas como oráculos, como evidenciado pela caverna em Delfos. Era uma crença antiga que as almas dos mortos poderiam fornecer informações do Submundo, uma vez que já estavam no mundo vindouro. Poços sagrados, vistos também como portais para o Submundo, eram considerados oráculos por natureza. As aberturas para cavernas sagradas eram frequentemente marcadas com pedras empilhadas. Os poços também eram marcados com uma parede de pedras.

A pedra era usada extensivamente em práticas religiosas antigas. As famosas pedras monolíticas encontradas nas Ilhas Britânicas são alguns exemplos. Lajes de pedra eram usadas como altares antigos e, mesmo em tempos posteriores, "lápides" foram usadas para marcar túmulos. Erich Neumann, em sua obra clássica, *A Grande Mãe,* aborda a importância das pedras como representativas da montanha e da caverna, elas próprias símbolos da "Grande Mãe". Neumann afirma que a rocha e a pedra têm o mesmo significado que "montanha e terra" na adoração à Grande Mãe[6].

---

6. Neumann, Erich. *The Great Mother: An Analysis of the Archetype* (Princeton University Press, Princeton, Mass., 1974).

Para as religiões antigas, as pedras representavam o conceito de montanha/terra e as cavernas serviam como cercas ou contenção para o fogo.

Os símbolos de fogo, madeira, caverna e pedra se reúnem em um só lugar como a lareira. Velhas lareiras eram feitas de pedras empilhadas e argamassa. A abertura em forma de caverna da lareira abrigava a lenha e o fogo. Como um manto, uma laje de pedra era colocada no topo da lareira (veja a ilustração abaixo). Aqui as mulheres cuidavam do fogo sagrado da lareira e do lar, uma versão domesticada do antigo "Fogo de Vesta". Na Roma Antiga, os santuários ancestrais eram colocados acima da lareira como uma conexão viva para os membros da família que moravam no Mundo Inferior. Aqui, novamente, vemos o simbolismo da caverna na lareira como uma entrada para o Mundo Inferior.

A lareira, contendo o fogo, envolve-o com pedras, trazendo terra e fogo juntos para o benefício da família.

O antropólogo Alessandro Falassi, em seu livro *Folklore by the Fireside*, revela um antigo costume em que os camponeses que voltavam dos campos ao pôr do sol se reuniam diante da lareira. Em frente a ela, contos de fadas eram contados às crianças mais novas, contendo várias mensagens e princípios morais importantes para uma comunidade. As crianças mais velhas ouviram histórias sobre seus familiares e ancestrais. Com esses contos, a nova geração ganhava um senso de identidade e de seu lugar na comunidade. Falassi escreve que, com o passar da noite, a família falava sobre suas crenças e costumes religiosos a fim de preservar suas tradições[7].

Em períodos anteriores, a lareira era o centro da casa. A família e a lareira pertenciam à mãe da casa e era ela quem cuidava do fogo. No centro da lareira, assentava-se a "pedra de fogo", uma laje à prova de fogo sobre a qual o fogo queimava. Os cordões umbilicais das crianças eram colocados sob a pedra. Aqui vemos uma possível conexão simbólica entre a nova geração e a geração passada (os cordões colocados como uma ponte entre o mundo dos mortos e o mundo dos vivos).

No livro *Una Casa Senza Porte* (A casa sem porta), os antropólogos Claudia e Luigi Manciocco fazem uma conexão interessante entre a Bruxa e o lar. O livro trata de uma figura conhecida como "Befana", que é uma Bruxa doadora de presentes no folclore italiano, semelhante à figura do Papai Noel nos Estados Unidos[8]. No entanto, Befana tem uma natureza esotérica desconhecida em sua aparência folclórica comum.

Os Mancioccos afirmam que a Bruxa Befana é um espírito ancestral que vem através do lar e liga a geração atual à geração passada. As oferendas de comida deixadas perto da lareira para Befana pelas crianças refletem as antigas oferendas Pagãs dadas aos espíritos dos mortos. As meias penduradas na lareira são símbolos dos destinos que tecem as vidas da humanidade em sua roda de fiar. Befana deixa os brinquedos como um símbolo da aliança contínua entre a nova geração e a anterior. Ela também deixa um pedaço de carvão, uma conexão para o fogo e o Submundo escuro.

---

7. Falassi, Alessandro. *Folklore by the Fireside: Text and Context of the Tuscan Veglia* (University of Texas Press, Austin, Tex., 1980).

8. Manciocco, Claudia and Luigi. *Una Casa Senza Porte* (Melusina Editrice, Rome, 1995).

Em vez de carvão, a substância principal do fogo queimado na lareira era uma tora. Tradicionalmente, esse tronco era retirado da parte da árvore mais próxima às raízes. Isso reflete a relação entre o fogo e a árvore que se encontra nas profundezas do Mundo Inferior.

Na lareira eram pendurados os símbolos da mulher, "a guardiã do fogo da lareira". Os símbolos femininos eram o Caldeirão, a Vassoura e o próprio fogo. Nos tempos antigos, certas mulheres serviam como Sacerdotisas de Vesta e eram as guardiãs da chama sagrada. Em *O Ramo de Ouro*, James Frazer faz referência ao fogo divino:

> Pois os fogos sagrados perpétuos dos arianos na Europa parecem ter sido comumente acesos e alimentados com madeira de carvalho, e na própria Roma, a não muitos quilômetros de Nemi, o combustível do fogo vestal consistia em gravetos ou troncos de carvalho, como foi comprovado por uma análise microscópica das brasas carbonizadas do fogo vestal... se Diana era uma rainha das florestas em geral, ela era em Nemi uma Deusa do Carvalho em particular.
> Em primeiro lugar, ela ostentava o título de Vesta e, como tal, presidia um fogo perpétuo que, segundo vimos, era alimentado com madeira de carvalho. Mas uma Deusa do fogo não está muito distante de uma Deusa do combustível que queima no fogo; o pensamento primitivo talvez não tenha traçado uma linha nítida de distinção entre o fogo e a madeira que arde.
>
> FRAZER, JAMES, *The Golden Bough*,
> MacMillan Company, New York, 1951.

Aqui, novamente, vemos a antiga conexão entre a lenha, o fogo e o espírito feminino.

Outro símbolo do espírito feminino é o Caldeirão, que antigamente servia para preparar a comida da família. Durante séculos, o Caldeirão foi associado à lareira, pendurado acima do fogo. No entanto, é também um dos símbolos da tradição do mistério interior da mulher, onde é visto como o recipiente da transformação. Erich Neumann escreve em seu livro, *A Grande Mãe*, sobre as mulheres e o Caldeirão:

> O vaso da Transformação – visto como mágico – só pode ser efetuado pela mulher, porque ela própria, em seu corpo que corresponde à Grande Deusa, é o Caldeirão da encarnação, nascimento e renascimento. E é por isso que o Caldeirão Mágico ou "panela mágica" está sempre nas mãos de uma figura humana feminina, a Sacerdotisa e mais tarde a Bruxa.
>
> NEUMANN, 1974.

De acordo com Neumann, cuidar do fogo estava no centro dos mistérios femininos. Na antiga casa redonda da cultura humana primitiva, as mulheres criavam ferramentas e vasos. A chamada "casa redonda" era típica das moradias Neolíticas e a única entrada ou saída era um buraco no centro do telhado, com o fogo protegido diretamente abaixo dele (literalmente, a casa sem porta). Este simbolismo foi posteriormente incorporado na estrutura do templo da Deusa Vesta. Neumann escreve sobre isso:

> Mas no centro dos mistérios presididos pelo grupo feminino estava a guarda e o cuidado do fogo. Como na casa ao redor, a dominação feminina é simbolizada em seu centro, a lareira, a sede do calor e do preparo da comida, a "lareira", que é também o altar original. Na Roma antiga, esse elemento matriarcal básico foi preservado de forma mais visível no culto de Vesta e seu templo redondo. Esta é a velha casa redonda, ou tenda, com uma lareira no meio. Modelos dessas casas pré-históricas foram encontrados na forma de urnas cinerárias no período romano.
>
> Neumann, 1974.

Os mistérios femininos estavam focados no tema da transformação. O fogo e os recipientes que transformavam alimentos crus em alimentos cozidos foram alguns dos primeiros símbolos. Os fornos de cerâmica primitivos têm o formato de barrigas grávidas. Os vasos para transportar água também aparecem nesta configuração semelhante a um útero (muitos dos quais são pintados com listras que lembram as chamadas "estrias" associadas à gravidez). Aqui vemos a conexão entre a substância material e a água, e o útero que transforma a substância em uma criança que nasce do derramamento de água.

Muitos Caldeirões Mágicos aparecem em lendas e mitos antigos. O Deus do Sol, Hélios, andava em uma "chaleira mágica" que renovava sua forma a cada dia. O Deus Dionísio foi restaurado em um Caldeirão de transformação, assim como o herói grego Pélope. Nas lendas do norte da Europa, o Caldeirão aparece como um recipiente de iluminação e de propriedades renovadoras de vida.

Uma vez que o Caldeirão foi associado à Magia desde os tempos antigos, não é nenhuma surpresa encontrá-lo nas mãos da figura da Bruxa. De pé diante de sua lareira, onde a divina chama feminina dança sobre o tronco sagrado que guarda a entrada para o Mundo Inferior, a Bruxa supervisiona o Caldeirão da transformação.

A historiadora Diane Purkiss, em seu livro *The Witch in History*, fala do Caldeirão como um símbolo do controle das mulheres sobre a produção de alimentos, o que poderia ser visto como uma ameaça aos homens da comunidade. Purkiss observa que o Caldeirão não é apenas uma panela, mas também um símbolo do útero do qual nascem as crianças metafóricas. Esta é a Magia das Bruxas, o nascimento do invisível no mundo material e a abertura de portas para o reino espiritual[9].

É natural que o Caldeirão borbulhante passe a representar os poderes transformadores da mulher. As poções lendárias preparadas no Caldeirão das Bruxas são reflexos dos fluidos corporais da mulher, que, para mentes primitivas, devem ter parecido mágicos. Por exemplo, sangue fluindo de uma mulher por dias (menstruação) sem causar morte ou declínio físico. Outro mistério era a produção do leite materno, transformando uma substância vital (o sangue) em outra.

Neumann teoriza que para os primeiros humanos existia *"uma fórmula simbólica universal: mulher=corpo=vaso=mundo"*. Por meio desse conceito, a Natureza é vista como a Grande Mãe e as mulheres como representações microcósmicas dessa Deusa (seus princípios são vistos por meio de metáforas associadas ao corpo e às funções corporais das mulheres em geral). Nesta visão, o útero é refletido no Caldeirão (onde ocorre a transformação) e os seios se tornam o Cálice (onde o alimento é consumido na plenitude da substância líquida residente).

A atribuição da Bruxa como Sacerdotisa, suas ferramentas tradicionais associadas aos antigos mistérios femininos e a conexão com a lareira, sugerem fortemente as raízes profundas da figura da Bruxa na antiguidade dos conceitos religiosos e espirituais.

Outra ferramenta mágica associada à lareira e à Bruxa é a Vassoura. A Vassoura da Bruxa simboliza o galho da árvore sagrada que já foi considerada um Deus ou Deusa. É a árvore enraizada no Mundo Inferior e que se estende pela noite estrelada. Tradicionalmente, a Vassoura da Bruxa era feita de um galho de um freixo. A varredura era feita com pequenos ramos de bétula secos, presos à base do cabo com tiras de casca de salgueiro.

Na tradição antiga, o freixo é associado às "águas da vida" e ao mar. Dizia-se que a bétula tinha poder sobre os espíritos que antigamente, acreditava-se, viviam no ar.

9. Purkiss, Diane. *The Witch in History* (Routledge, London, 1996).

Acreditava-se que o salgueiro com seus galhos voltados para o solo prendia as coisas à terra. Portanto, a Vassoura da Bruxa estava ligada à terra, à água e ao ar.

Ao considerar a Vassoura como um reflexo da árvore sagrada que abrigava a divindade, devemos considerar qual divindade os antigos Bruxos adoravam. A menção literária mais antiga de uma Deusa associada às Bruxas é Hécate. O antigo escritor grego Hesíodo, na *Teogonia*, escreveu que Zeus concedeu à Deusa Hécate "*uma porção da terra, do mar e dos céus estrelados*"[10]. É importante lembrar aqui a ligação da Vassoura com os elementos Terra, Água e Ar.

Essas imagens e conexões retratam a Bruxa intimamente ligada a Hécate, compartilhando com a Deusa uma parte das coisas que Zeus lhe concedeu. A Vassoura é, em alguns aspectos, uma chave para os três reinos, permitindo à Bruxa o dom do voo espiritual aos céus estrelados onde a Lua silenciosamente espera.

Os escritores antigos Horácio e Lucano retratam as Bruxas adorando Hécate, Diana e Prosérpina. Horácio também escreve que as Bruxas cantam encantamentos de um livro e, assim, "puxam a lua para baixo". A Lua há muito é associada às Bruxas e aos mistérios femininos em geral. Notas de Neumann:

> [...] o símbolo espiritual preferido da esfera matriarcal é a Lua em sua relação com a noite e a Grande Mãe do céu noturno. A Lua, como aspecto luminoso da noite, pertence a ela; é o seu fruto, a sua sublimação como luz, como expressão do seu espírito essencial.
>
> Neumann, 1974.

Como vimos no simbolismo detalhado neste capítulo, a Bruxa está conectada a alguns dos aspectos mais primários e essenciais da sacralidade e da divindade, conforme vistos por nossos ancestrais. As ferramentas associadas à Bruxaria estão enraizadas na lareira e no lar. Elas também compartilham conexões com a Natureza e temas religiosos primitivos associados. E são também símbolos do poder e da influência feminina, tanto no sigilo quanto na comunidade aberta. Este tópico é explorado mais detalhadamente no capítulo sete.

10. Lattimore, 1959.

Neste capítulo, exploramos as raízes antigas da Bruxa. Ao fazer isso, alguns dos conceitos errôneos sobre as Bruxas serão dissipados. É hora então de olhar para a religião que as Bruxas praticam. Com isso, ainda mais desinformações podem ser corrigidas sobre o que as Bruxas realmente praticam e acreditam. Vamos passar agora para o próximo capítulo e continuar nossa busca.

3

BRUXARIA COMO RELIGIÃO

Assim como a natureza, a imagem e caráter da Bruxa foram intencionalmente distorcidos ao longo dos séculos, o mesmo aconteceu com a religião da Bruxaria. Algumas pessoas acreditam que os ritos da Bruxaria envolvem sacrifícios de animais ou mesmo humanos. Outras acreditam que os rituais de Bruxaria são projetados para adorar a figura judaico-cristã conhecida como Satanás, ou o Diabo. No entanto, como demonstrado no capítulo dois, a Bruxaria se originou na Europa pré-cristã muito antes que o conceito de tal personagem fosse encontrado nesta região. Portanto, seu fundamento não é baseado na teologia judaico-cristã, que é essencialmente uma importação estrangeira originalmente enraizada na cultura hebraica.

Conforme mencionado no capítulo dois, os primeiros escritos associam Bruxas a várias Deusas e as descrevem vivendo em meio às colinas cobertas de ervas fora das cidades. Escritos antigos se referem a elas como o *pharmakeutes* (herboristas) e como Sacerdotisas de Deusas como Hécate.

A Bruxaria evoluiu ao longo dos séculos, assim como muitas religiões. Nos tempos modernos, a Bruxaria é uma religião de veneração à terra e sua força vital, que chamamos de "Natureza". Essencialmente, a Natureza é vista como o espírito ou a alma da Terra. As Bruxas acreditam que a Terra é um ser consciente, referido como a Grande Mãe por alguns e Gaia por outros. Dela nascem todas as coisas e para ela todas as coisas voltam no fim do seu tempo.

A maioria das Bruxas (mas certamente não todas) concebe uma figura consorte masculina associada à Deusa. Esse Consorte seria, em essência, a antiga imagem do "Pai Celeste". Algumas Bruxas percebem a divindade como estritamente uma figura da Deusa que tem dentro dela, uma polaridade de gênero de aspectos masculino e feminino. Em tal visão, o Deus é um aspecto da Deusa.

Dentro da Natureza encontramos o conceito sempre presente de masculino e feminino, que é essencial para a criação da prole e das gerações futuras. As Bruxas acreditam que a divindade habita na Natureza e que a Natureza é um reflexo reduzido de uma realidade divina superior. Essa crença está encapsulada na máxima "Como acima, é abaixo", o que significa que as dimensões inferiores/dimensões internas, refletem as dimensões superiores/dimensões externas. O reflexo da imagem superior é distorcido ou diminuído em clareza dentro do reino material, da mesma forma que uma foto borrada ou superexposta pode ser discernida.

A maioria das Bruxas vê a divindade como sendo composta de polaridades masculina e feminina, que elas personificam como "Deusa" e "Deus". A "Fonte de Todas as Coisas" é considerada essencialmente incognoscível para o intelecto humano. Para simplificar a compreensão humana, as Bruxas personificam os dois aspectos da Fonte Divina. Portanto, a Deusa e o Deus são as imagens dos criadores do Universo. A Deusa é o veículo por meio do qual ocorre a manifestação e o Deus é o catalisador pelo qual o ventre da Deusa está grávido da semente da criação. Isso é abordado com mais detalhes no capítulo dez.

Como se poderia esperar ao falar de Deuses e Deusas, na Bruxaria encontramos muitos mitos e lendas. Esses contos são misturados à teologia da Bruxaria devido às poderosas metáforas que eles transmitem. As oito cerimônias rituais que compõem as celebrações da Bruxaria (associadas aos rituais mensais da lua cheia) são baseadas em temas sazonais e nos mitos que os expressam.

Como a Bruxaria é uma religião da Natureza, seus rituais estão alinhados com os fenômenos sazonais, bem como com o curso do sol e as fases da lua. Ao contrário das Bruxas antigas, os praticantes modernos não acreditam mais que o sol e a lua sejam divindades. Em vez disso, as Bruxas modernas os veem como expressões e metáforas intimamente relacionadas à vida, à morte e à jornada da alma (bem como símbolos da Deusa e do Deus).

Nas próximas seções deste capítulo, exploraremos vários dos elementos-chave da Bruxaria como religião. Cada um deles é examinado com mais detalhes em outros capítulos. No entanto, sinto que é importante para o leitor obter uma visão geral no início do livro. Acredito que isso tornará mais fácil para entender os conceitos que o aguardam nos outros capítulos.

As celebrações religiosas

As crenças e práticas da Bruxaria estão enraizadas em antigos conceitos de fertilidade associados às estações do ano e às necessidades agrícolas. Os períodos de equinócio e solstício marcam as estações de crescimento e declínio na Natureza. Portanto, nesses momentos, as Bruxas se reúnem para celebrar as forças deste ciclo infinito de vida, morte e renovação.

O ano das Bruxas é medido em oito porções ou divisões compostas de quatro festivais trimestrais e quatro festivais intercalares. Os tempos que marcam o ponto médio exato entre os períodos de equinócio e solstício são chamados de "quadrantes interseccionais". Os trimestres cruzados caem nos meses de fevereiro, maio, agosto e outubro. Juntas, as oito celebrações, também conhecidas como "Sabbats", são conhecidas como "Roda do Ano".

Nas tradições populares de Bruxaria baseadas no céltico moderno, os Sabbats são divididos nas categorias de "menores" e "maiores". Aqui, os quadrantes interseccionais são os Grandes Sabbats, com os nomes de Imbolc, Beltane, Lughnasadh e Samhain. Os Sabbats Menores que aparecem em março, junho, setembro e dezembro levam os nomes Ostara, Litha, Mabon e Yule. Vejamos cada um desses Sabbats.

A Roda do Ano

Samhain

Samhain é o início do ano das Bruxas. Assim como um feto ganha vida na escuridão do útero, também o "Ano Novo" começa nesta estação escura que leva ao inverno. Este período é frequentemente chamado de "Tempo das Sombras", quando, de acordo com as antigas tradições, o véu entre o mundo material e o mundo espiritual fica mais fino.

Na Bruxaria, a chamada "porta de entrada e saída do Outromundo" se abre no final de outubro e o passado se funde com o presente. Um dos principais temas da Bruxaria, comumente associado a esta temporada é o retorno dos mortos do reino dos espíritos. Isso não é visto como algo negativo, pois essas são as mesmas pessoas que conhecemos e amamos nesta vida.

O encontro entre os espíritos e os "vivos" é central para Samhain nas práticas e crenças da Bruxaria moderna. Os rituais e as celebrações se concentram no reencontro com aqueles que partiram antes. Durante esta temporada, os espíritos cruzam de volta para o mundo material e os vivos alcançam o reino espiritual e abraçam a consciência ancestral. Tradicionalmente, oferendas de comida são colocadas para homenagear os mortos em um "banquete para celebrar sua memória". Os feijões, especialmente as favas, são oferendas consagradas pelo tempo aos mortos.

A crença de que nossos ancestrais vivem como espíritos é um conceito muito antigo. Os santuários ancestrais eram frequentemente orientados para o quadrante leste ou oeste, a região na qual o sol e a lua nascem vindos do Mundo Inferior e se põem novamente, retornando a cada dia em um ciclo sem fim. Oferendas eram colocadas nos santuários para manter a paz entre os vivos e os mortos. Nos tempos modernos (como parte da cultura popular), o envio de flores para a família do falecido substituiu o antigo ato de distribuir as oferendas. A refeição tradicional realizada no velório substituiu a oferenda de comida feita aos mortos nos tempos antigos.

Como Samhain se relaciona com o Outromundo, também se conecta aos mitos que são encontrados na Bruxaria. Os mitos associados com Samhain relacionam-se com o tema do Deus e da Deusa no Mundo Inferior. Isso é abordado em detalhes no capítulo onze.

Yule

O Yule marca o dia do Solstício de Inverno, que é uma estação sagrada venerada na religião da Bruxaria. Em essência, Yule simboliza os ciclos de renovação da vida, bem como renascimento, rejuvenescimento e crescimento. Nos antigos tempos Pagãos, o Solstício de Inverno era a época em que as pessoas acreditavam que o novo Deus Sol do ano havia nascido.

Conforme observado no capítulo dois, as árvores eram consideradas sagradas, porque os Deuses frequentemente moravam dentro de uma árvore. Antigamente, era costume de, no Yule, decorar a árvore sagrada da floresta para homenagear o Deus do Sol. Uma árvore perene era selecionada, porque simbolizava o poder da vida para sobreviver às estações do ano. Depois de decorar a árvore com fitas e outros itens, oferendas ao Deus Sol eram colocadas diante da grande árvore.

Uma tradição consagrada pelo tempo e ainda praticada pelas Bruxas hoje gira em torno da Tora de Yule. Tradicionalmente, a Tora de Yule é um carvalho sagrado ou um tronco de pinheiro abundante usado para chamar o retorno do calor e da luz do sol no Solstício de Inverno. A própria tradição evoluiu do antigo Festival do Fogo do Solstício de Inverno, uma vez celebrado em toda a Europa. Alguns estudiosos acreditam que, devido ao clima inclemente da estação, a cerimônia da Tora de Yule (*Yule Log)* acabou sendo transferida para um local fechado em vez de ser realizada ao ar livre.

Com a ascensão do cristianismo, a tora foi renomeada para Tora de Natal. No quarto século da EC, O Papa Júlio I designou a celebração do Natal para cair por volta do Solstício de Inverno. A tradição das Toras de Yule continuou, mas o fogo passou a representar a luz de Jesus Cristo em vez da luz do sol. No entanto, sua origem na verdade surge do ritual conhecido como *Yuletide*, um Festival Pagão do Fogo. Isso é evidenciado pelas muitas curiosas superstições anexadas aos costumes da Tora de Yule, que não têm nenhuma conexão aparente com o cristianismo.

Na véspera do Solstício de Inverno, a tradição pedia a queima da Tora de Yule para enaltecer o poder do sol. As cinzas eram salvas para serem dispersadas nos campos arados na primavera. Como parte da Tradição de Yule, um pedaço da tora era guardado e usado para iniciar o fogo do ano seguinte. Azevinho seco era colocado sob a tora para ajudar a acender o novo fogo. As pessoas reunidas ao redor do fogo jogavam um galho de azevinho, simbolizando os problemas do ano passado. Este ato era planejado para remover as conexões antigas do ano que passou e purificar o ano seguinte.

Nos tempos modernos, em vez de queimar a Tora de Yule, podem ser feitos furos em um pedaço menor de madeira ou galho para encaixar uma ou mais velas, que são acesas para uso ritual. As luzes das velas simbolizam as forças crescentes da Natureza. Para as Bruxas, a luz da Tora de Yule representa a Criança da Promessa, uma mítica figura ligada ao renascimento do sol, símbolo do ano que se aproxima (ver capítulo dez).

Como parte da celebração sazonal, algumas Bruxas colocam três velas na Tora de Yule para simbolizar o princípio da manifestação. Acender as velas de Yule e recitar um canto é um feitiço simples para atrair prosperidade e abundância. Colocar uma vela verde (um símbolo de crescimento e ganho) pode melhorar ainda mais, colocando uma vela em cada orifício de cada extremidade e uma única vela vermelha (vitalidade e poder) no ponto central.

A primeira vela é acesa (e pode queimar alguns minutos a cada dia) quatorze dias antes do Solstício de Inverno, e a segunda vela sete dias depois. A vela central é acesa na manhã do Solstício de Inverno. Então, todas as três velas podem queimar juntas.

Imbolc

Imbolc é um ritual que ocorre no início de fevereiro, no Hemisfério Norte, marcando o ponto intermediário entre o Solstício de Inverno e o Equinócio de Primavera. Na Roma antiga, fevereiro era um período de passagem que assinalava o fim do ano antigo e o prelúdio do nascimento do ano novo.

Fevereiro era sagrado para a Deusa romana Februa e seu consorte Februus, que eram divindades de purificação e morte. Esta temporada de festivais de purificação foi difundida pelos romanos nas terras celtas, onde mais tarde veio a ser conhecida como Imbolc. Em fevereiro, o foco era a expiação das almas dos mortos, bem como a purificação espiritual e física pessoal. Estas últimas preocupações foram incorporadas a um curioso festival conhecido como "Lupercália", supervisionado por uma classe de padres conhecidos como "os Luperci".

Durante a celebração da Lupercália, os ritos de purificação e fertilidade simbólica estavam entrelaçados. Os Luperci pegavam tiras de pele de cabra e começavam uma corrida desenfreada, nus, a partir da lendária gruta onde Rômulo e Remo foram amamentados por uma loba, ao longo da Via Sacra. Durante a corrida, eles lançavam o chicote nas costas ou nas nádegas de qualquer mulher que encontrassem de passagem, garantindo-lhes, assim, fertilidade.

Com a ascensão ao poder do cristianismo no Império Romano, muitos festivais Pagãos foram proibidos. Com o tempo, elementos cristãos foram enxertados nas práticas Pagãs como uma das muitas técnicas usadas para converter os Pagãos ao cristianismo. Ao longo de muitos séculos, os antigos Ritos Pagãos foram continuamente modificados até que os vestígios do Paganismo estivessem quase irreconhecíveis.

No sétimo século, a Igreja Romana adotou uma celebração cristã mais antiga, conhecida como "Festival de São Simão", e a renomeou como "A Apresentação do Senhor". A data foi alterada para 2 de fevereiro na esperança de deslocar permanentemente as celebrações Pagãs rivais. Ao fornecer um tempo de adoração conflitante, a Igreja garantiu a presença de pessoas comuns que não iriam querer ser contadas como ausentes da celebração cristã, nem descobertas como preferindo a celebração Pagã, por medo da retribuição resultante por parte da Igreja.

Os festivais da igreja foram alinhados com sucesso com o mês de fevereiro, um período antes dedicado à purificação no Paganismo romano. Ao remover todas as celebrações Pagãs de *Iunio Februata*, o Ritual da Lupercália e a presença Pagã da Deusa Juno, o dia 2 de fevereiro se tornou o Festival da Purificação da Santíssima Virgem. Com o tempo, mudou para "Candelora" ou "Candelária", assim chamada, porque as velas distribuídas aos fiéis pela Igreja abençoavam o povo. Acreditava-se que essas velas possuíam virtudes protetoras contra calamidades, tempestades e a agonia da morte.

Em um texto conhecido como *Lunario Toscana* escrito em 1805, lemos:

> Pela manhã, faz-se a bênção das velas que são distribuídas aos fiéis, cuja função foi instituída pela Igreja para tirar um antigo costume de que neste dia, em homenagem à falsa Deusa Februa, os fiéis saíam correndo pela cidade com tochas acesas, transformando essa superstição em religião e piedade cristãs.
>
> Lunario Toscana, in Hazlitt, W. C. *Dictionary of Faiths & Folklore.* London: Bracken Books, 1995.

A Deusa Februa era evidentemente Iunius Februata, que também era chamada de Juno Sospita, a Salvadora. Nos calendários de fevereiro, celebrou-se a dedicação de seu templo no Monte Palatino com uma procissão de tochas. No século 7, Roma criou um festival cristão de procissões noturnas com velas acesas de todas as paróquias, com o objetivo de ser uma procissão penitencial para exorcizar um ressurgente desfile Pagão licencioso e carnal. A conversão completa dos Pagãos ao cristianismo foi um processo lento e metódico que se estendeu por muitos séculos.

A bênção das velas ocorria pouco antes da procissão. Cada vela era acesa cerimonialmente a partir de uma vela central principal. A antiga cerimônia do acendimento das velas teve dois significados. Em primeiro lugar, estava ligada à ideia de uma religião universal (um catolicismo) aparente na liturgia da Igreja. Em segundo lugar, as chamas das velas simbolizavam a vitalidade dos ensinamentos evangélicos que se espalhavam pelo mundo, pois tal era, segundo consta, a ordem de Jesus aos seus discípulos.

Na Bruxaria moderna, as chamas bruxuleantes das velas em Imbolc estão ligadas esotericamente às tiras de couro brandidas pelo antigo Luperci. A vela central a partir da qual todas as outras são acesas é o espírito vital da própria Natureza, a essência fértil. O fogo era um símbolo da energia divina do cosmos de acordo com as antigas concepções.

Em 1° de março, o fogo perpétuo de Vesta era extinto e em seguida reacendido quando novas folhas dentro do templo sagrado eram substituídas pelas velhas folhas de louro. As virgens vestais cuidavam do fogo e, quando extinta por qualquer motivo, a nova chama não poderia ser acesa em outra lareira. O fogo tinha que ser novo, obtido pela fricção de sondagem/perfuração de um pedaço de madeira retirado de uma árvore frutífera. Nisto vemos a conexão da madeira velha da última estação substituída pela madeira da nova estação, uma metáfora de morte e renascimento.

A conexão dos mortos e os temas da morte dentro da celebração romana de fevereiro nunca desapareceram, mesmo nos longínquos territórios conquistados do Império Romano, pois na lua cheia seguinte a este mês começa o tempo de autopurificação conhecido como "Quaresma". Este é um resquício dos antigos ritos de fevereiro, que anunciaram a próxima temporada de renovação. Nas observâncias da Quaresma, vemos uma renúncia ou extinção da velha natureza à medida que a primavera abraça a terra.

Ostara

Ostara (Equinócio da Primavera) é tempo de comemorar o retorno da primavera. Na mitologia da Bruxaria, a Deusa retorna do Mundo Inferior neste momento. Bruxas, portanto, dão boas-vindas ao retorno da Deusa de volta ao mundo da luz. Esta, é claro, é uma metáfora para comemorar o retorno da força vital na Natureza, que trará uma nova vida de volta ao mundo após o reinado do inverno.

Sob o solo há muito mantido no abraço do inverno, as sementes de uma nova vida começam a despertar. Nos tempos antigos, os primeiros sinais de árvores brotando anunciavam a chegada da Deusa. Fogos rituais queimavam para encorajar o sol a aquecer o solo e agitar a vida adormecida abaixo dele. Os dançarinos se reuniram nos locais antigos para celebrar a Deusa e a promessa de abundância simbolizada por botões, folhas e caules.

Os símbolos tradicionais das celebrações da primavera incluem ovos coloridos, fitas coloridas, flores em botão, coelhos bebês e pintinhos recém-nascidos. O ovo é de particular interesse devido à sua grande antiguidade como símbolo. Nos Mistérios Órficos da Grécia, a Grande Deusa se acasala com a Cobra-Mundo Ophion e produz o ovo-mundo Órfico do qual todas as coisas se originam. O ovo de uma galinha mais tarde substituiu o da serpente, quando os órficos adotaram Apolo (cujo pássaro sagrado era o galo) como sua figura divina. Os Druidas mais tarde incorporaram este tema em seus mistérios, onde encontramos o ovo vermelho da serpente marinha chamada *glain.*

Em março (setembro no Hemisfério Sul), o Equinócio da Primavera marca o primeiro dia da estação. Bruxos e Pagãos modernos associam a Deusa Ostara a esta época especial. Uma forma desse nome da Deusa aparece em obras cristãs primitivas como *De Temporum Ratione,* sob o título de *Eostre* (Ostre), que era a Deusa anglo-saxônica da primavera. Neste texto, encontramos uma conexão entre a palavra alemã *Ostern,* denotando uma orientação oriental, e a palavra "Páscoa"[11]. Assim, a Deusa relacionada, Ostre (Ostara), pode ser vista como uma Deusa do Oriente e, portanto, do amanhecer. As celebrações da Páscoa moderna incluem uma cerimônia do nascer do sol, que simboliza a ressurreição

11. *De Temporum Ratione,* in Hazlitt.

da morte, simbolizada pelo amanhecer. Como a Deusa do Oriente, Eostre era adorada neste período de renascimento como a face Donzela de Triformis, a Deusa Tríplice.

Tradicionalmente, oferendas de bolos e ovos coloridos eram feitas a Eostre na época do Equinócio Vernal. O simbolismo do ovo como representação da semente da vida é uma associação muito antiga. Ovos e coelhos são símbolos de fertilidade encontrados na antiga adoração a Eostre. O coelho/lebre era sagrado para a Deusa da Primavera e ainda é um dos focos da primavera hoje, encontrado na figura do "Coelhinho da Páscoa".

O ovo é um símbolo interessante de grande antiguidade. Os primeiros ícones de divindades encontrados na Velha Europa durante o período Neolítico são, em grande parte, Deusas pássaros, que se acredita terem o poder sobre o nascimento e o renascimento. Encontrar a inclusão de ovos na adoração das Deusas da primavera sugere fortemente algo herdado de cultos de fertilidade há muito esquecidos.

No sul da Europa, encontramos a Deusa Eostre sob o nome de Eos, a Deusa grega do amanhecer. Na Roma antiga, era comum carregar ovos em uma procissão sagrada para o Templo de Deméter. Nos tempos modernos, os italianos ainda observam isso nas procissões de rua durante o *Pasqua dell'Uovo* (Páscoa do Ovo), onde os ovos são trocados como símbolos de renascimento espiritual. Em Nápoles, uma torta tradicional chamada *Pastiera* é feita de bagos de trigo embebidos em leite com especiarias e aromatizados com limão e laranja. Esta torta é descendente de um doce tradicional feito de grãos tenros sagrados para Deméter. Outra comida tradicional associada à primavera é o italiano, *Pane di Pasqua*, o "pão da Páscoa".

Todos os mitos associados ao Equinócio da Primavera refletem temas do Mistério da Renovação. Esta é outra razão pela qual vemos o ovo aparecer no simbolismo da primavera. Marija Gimbutas, em seu livro *As Deusas e Deuses da Velha Europa*, nos diz que a antiga Deusa Pássaro do Neolítico é inseparável da Deusa Cobra desse mesmo período[12]. Na arte Neolítica, as duas Deusas costumam ser unificadas como uma única divindade. É interessante notar que o Caduceu retrata

12. Gimbutas, Marija. *The Goddesses and Gods of Old Europe* (University of California Press, Berkeley, Calif., 1982).

duas serpentes enroscadas em uma haste que tem asas (a serpente e os símbolos do pássaro). O Caduceu era o Bastão de Esculápio, que era filho de Apolo. Como observado aqui, Apolo estava associado ao galo e, por extensão, ao ovo.

Com a aproximação da primavera, chegam muitos pássaros que retornam de sua migração de inverno. Na arte Neolítica, encontramos a Deusa Pássaro particularmente associada às aves aquáticas. A Deusa Cobra também está associada às cobras d'água. Ambas as Deusas aparecem com o antigo símbolo do "V" tipicamente marcado em seus seios. Este é o símbolo Neolítico amplamente usado para simbolizar a chuva. A primavera é tradicionalmente uma estação chuvosa e é fácil ver a conexão aqui entre a Deusa e seu símbolo da água. Muitas figuras de Deusas antigas, encontradas no que hoje é a Grécia, retratam-nas com o símbolo V.

Outro símbolo associado à Deusa Pássaro é o labirinto. Um mito grego clássico encontrado em lendas como a do Minotauro. Gimbutas chama a Deusa Pássaro da Religião pré-histórica de "Senhora do Minotauro". Painéis de desenhos de labirintos aparecem em vasos antropomórficos e estatuetas conectadas a rituais ou festivais dedicados à divindade da água. Talvez a tradicional caça aos ovos de Páscoa seja a memória de um antigo tema de passagem pelo labirinto para recuperar o ovo divino da Deusa Serpente Pássaro.

Beltane

Beltane é uma celebração que anuncia a chegada do verão e seu ritual é tradicionalmente realizado em 1° de maio no Hemisfério Norte. Nos tempos antigos, Beltane (também conhecido mais tarde como Dia da Guirlanda) começava cerca de onze dias depois, antes da mudança do calendário. Portanto, as flores eram mais abundantes e as flores de espinheiro-alvar estavam disponíveis para serem carregadas nas guirlandas do Dia de Maio (hoje esse não é normalmente o caso).

Com este nome, Beltane é uma antiga celebração celta do retorno da vida e da fertilidade a um mundo que passou pela estação do inverno. É o terceiro dos quatro grandes festivais de fogo celtas do ano: Beltane, Imbolc, Lughnasadh e Samhain. Junto a sua contraparte do Samhain, Beltane dividia o ano celta em suas duas estações principais, inverno e verão. Beltane marcava o início da metade do verão e a estação de crescimento pastoral. A palavra Beltane significa literalmente "fogo brilhante" e se refere às fogueiras acesas durante esta temporada. Pode ou não ser derivado da adoração de um Deus do Sol conhecido como Belenus.

Nos tempos antigos, Beltane anunciou a aproximação do verão e a promessa de plenitude. Rebanhos de gado eram conduzidos ritualmente entre duas fogueiras como um ato de purificação e proteção. Acreditava-se que isso garantia sua segurança e fertilidade durante o resto do ano. Os fogos celebravam o calor do sol e seu poder de devolver vida e fecundidade ao solo.

Muitas Bruxas modernas acreditam que o Festival de Beltane era realizado em homenagem ao Deus Bel. Em algumas tradições modernas, ele também é conhecido como Beli, Balar, Balor ou Belenus. Alguns estudiosos sugeriram que Bel é o equivalente celta bretão do Deus Cernunnos.

Em períodos posteriores, a celebração de Beltane evoluiu para as comemorações do Dia de Maio, comuns em grande parte da Europa. Uma celebração popular do Primeiro de Maio é marcada pela coroação da Rainha de Maio, que é assistida por meninas carregando guirlandas, símbolos das conexões internas entre todas as coisas, bem como daquilo que liga e conecta. Guirlandas são normalmente feitas de plantas e flores que simbolizam a estação ou evento, para o qual é pendurada como um marcador ou indicador. Na época medieval, rapazes e moças iam para a floresta à noite, voltando ao amanhecer com guirlandas de flores ou galhos de árvores. Grande frouxidão era permitida às donzelas da aldeia na noite anterior ao primeiro de maio. Na arte grega e romana antiga, muitas Deusas carregam guirlandas, especialmente Flora, uma Deusa das flores associada a maio.

Um mastro de maio, também chamado de *Maypole,* é um poste alto, enfeitado com folhagens ou flores e muitas vezes pendurado com fitas que são tecidas em padrões complexos por um grupo de dançarinos. Essas apresentações são sobreviventes de danças antigas em torno de uma árvore viva como parte de rituais de primavera destinados a garantir a fertilidade. O mastro é frequentemente decorado com uma guirlanda como um símbolo de fertilidade em antecipação ao verão que se aproxima e à estação da colheita. A tradição varia de acordo com o tipo de madeira usada para o mastro. Em alguns relatos, a madeira é de freixo ou bétula, e em outros cipreste ou olmo.

O *Maypole* é rastreável até uma figura conhecida como *herms* (ou *hermai*), colocado nas encruzilhadas em todo o Império Romano. Um *herms* é uma figura semelhante a um pilar que ostenta a parte superior do torso de um Deus ou espírito. Um símbolo de fertilidade, que muitas vezes inclui um pênis ereto projetando-se do pilar. Os primeiros *herms* eram simplesmente colunas de madeira sobre as quais uma máscara ritual era pendurada. Com o tempo, para reduzir os custos de reposição, os romanos começaram a fazer as ervas de pedra em vez de madeira. Em maio, as ervas eram adornadas com flores e folhagens e oferendas sagradas eram colocadas diante dela. Este e outros elementos do antigo paganismo italiano foram difundidos pelos romanos em quase toda a Europa continental e nas ilhas britânicas.

As celebrações do primeiro de maio remontam aos ritos da fertilidade dos festivais da Grande Mãe do período helenístico da religião greco-romana. O antigo Festival de Florália culminou em 1º de maio com oferendas de flores e guirlandas às Deusas romanas Flora e Maia. O mês de maio leva o nome da Deusa Maia.

No *Itinerarium*, escrito em 1724 pelo Dr. William Stukeley, foi descrito um mastro perto do Castelo de Horn, Lincolnshire, que supostamente ficava no local de um ex-herms romano. O autor registra que os meninos "mantêm anualmente o festival da Florália no primeiro de maio" e carregavam varinhas de salgueiro branco cobertas de prímulas. Stukeley prossegue dizendo que essas varinhas são derivadas de varas de tirso outrora carregadas nos antigos rituais romanos de bacanal[13].

O Festival de Maio incorpora elementos de culto pré-cristão relacionados a temas agrícolas. Nos tempos antigos, um jovem do sexo masculino era escolhido para simbolizar o espírito do Reino das Plantas, conhecido por nomes como Jack-in-the-Green, Green George e Green Man, ou seja, o Homem Verde. Ele andava em procissão pelas aldeias, simbolizando seu retorno conforme a primavera se aproxima

13. Hazlitt.

do verão. Normalmente, uma bela jovem com o título de "Rainha de Maio" liderava a procissão, acompanhada por um jovem escolhido como o "Rei de Maio", tipicamente simbolizado por Jack-in-the-Green. A mulher e o homem também eram conhecidos como Noiva e Noivo de Maio, ostentando flores e outros símbolos de fertilidade relacionados à agricultura.

Um antigo costume da Cornualha era decorar portas e varandas com ramos verdes de sicômoro e espinheiro. Na Irlanda, antigamente era costume prender um galho verde na casa no dia primeiro de maio para garantir abundância de leite no verão que se aproximava. Os antigos druidas teriam pastoreado o gado em uma fogueira neste dia, na crença de que tal ato manteria o gado longe de doenças durante todo o ano.

As celebrações de Beltane modernas diferem de sistema para sistema, mas a maioria inclui vários elementos de temas pré-cristãos. O mastro ainda é destaque na maioria das celebrações modernas e símbolos variados de fertilidade, como ovos coloridos, frequentemente aparecem também. As Bruxas presentes costumam adornar seus cabelos com flores e usam roupas medievais em festivais públicos. Os homens também usam roupas de estilo medieval e muitos carregam uma espada ou um cajado. Na Bruxaria moderna encontramos uma mistura de velhas e novas formas, permitindo o crescimento e a adaptação que vão garantir a sobrevivência da Bruxaria para as gerações futuras.

Litha

Litha (o Solstício de Verão) marca o dia mais longo do ano. Na tradição do norte da Europa, o Solstício de Verão marca a batalha entre o Rei do Carvalho e o Rei do Azevinho, figuras que representam as forças crescentes e decrescentes da Natureza. No dia do Solstício de Verão, o Rei do Azevinho derrota seu irmão, o Rei do Carvalho. Embora este seja o dia mais longo do ano, os dias começam a ficar mais curtos a partir desta data.

No sul da Europa, batalhas rituais eram encenadas por grupos como os Benandanti. Os talos de erva-doce e sorgo foram usados como símbolos de luz e escuridão em uma batalha pela fertilidade de plantações e rebanhos. Na Bruxaria italiana, o Solstício de Verão é a celebração da antecipação da abundância, da generosidade da natureza e da chegada da estação da colheita.

Em muitas Tradições de Wicca/Bruxaria moderna baseadas no céltico, o Festival do Solstício de Verão é chamado de *Litha*, derivado da palavra anglo-saxônica *lida*, que significa lua. Alguns comentaristas sugeriram que *aerra lida* correspondia ao mês de junho no calendário anglo-saxão, enquanto *aefterra lida* correspondia a julho. Alguns Wiccanianos modernos de orientação celta acreditam que Litha era, na verdade, o antigo nome do Solstício de Verão, embora não haja nenhuma evidência histórica para confirmar isso. Na popular obra de ficção intitulada *The Return of the King* (*O Retorno do Rei*), de J. R .R. Tolkien, o autor usa a palavra "Litha" para denotar o dia do Solstício de Verão[14]. Na Wicca moderna, o uso da palavra Litha para o nome do Solstício de Verão aparece pela primeira vez publicamente no final dos anos 1970, em obras como *The Spiral Dance* (*A Dança Cósmica Das Feiticeiras*), de Starhawk[15].

Lughnasadh

Lughnasadh é tradicionalmente um festival da colheita que celebra o amadurecimento dos grãos e os primeiros frutos. Tem o nome de Lugh, um dos heróis que apareceram na literatura irlandesa primitiva, que é quase certamente derivado do Deus gaulês referido por Júlio César como a versão celta de Mercúrio.

Lugh era o Deus de todas as habilidades, o "Brilhante ou Resplandecente". Jogos funerários incorporando proezas atléticas eram realizados em homenagem a Lugh durante o festival. Dizem que eles são uma memória da mãe adotiva de Lugh, Tailtiu, que morreu enquanto preparava os campos para o plantio.

Lughnasadh também era conhecido como Lammas, da palavra saxã *Hlaf-mass*, a Festa do Pão. As festividades e rituais normalmente

---

14. Tolkien, J. R. R. *The Return of the King* (New York: Houghton Mifflin, 1988).

15. Starhawk. *The Spiral Dance: A Rebirth of the Ancient Religion of the Great Goddess* (Harper San Francisco, 1999).

giravam em torno da garantia de uma temporada de colheita abundante e da celebração do ciclo da colheita. Conectado ao Lammas estava a coleta de mirtilos, uma prática antiga que simbolizava a fecundidade dos rituais de Lughnasadh. Se os mirtilos fossem abundantes, era um sinal de que também haveria uma colheita abundante.

Mabon

Mabon (o Equinócio de Outono) marca o declínio do verão na estação do outono. Nos mitos da Bruxaria, esse período é a época da Descida da Deusa ao Mundo Inferior. Com sua partida, vemos o declínio da Natureza e a chegada do inverno. Este é um clássico mito antigo visto no mito sumério de Inanna e nas antigas lendas gregas e romanas de Deméter e Perséfone.

No Equinócio de Outono, também nos despedimos do Senhor da Colheita, que era morto na coleta da fartura. Ele é o Homem Verde, visto como o Ciclo da Natureza no Reino das Plantas, que é colhido e suas sementes plantadas na terra para que a vida continue e seja cada vez mais abundante. Este mito simboliza a semente plantada nutrida sob o solo e o broto ascendente, que se torna a planta colhida na época do Equinócio de Outono.

Este Equinócio marca oficialmente o primeiro dia do outono. Os símbolos que celebram esta temporada incluem vários tipos de cabaças e melões. Os talos podem ser amarrados simbolizando o Senhor da Colheita e colocados em um círculo de cabaças. Uma vassoura pode ser construída para simbolizar a polaridade de masculino e feminino, ou simplesmente para ilustrar a Deusa Triformis. Neste último caso, o polo representa a época fértil da Donzela. A amarração que segura a palha da vassoura representa a Mãe que mantém a família unida e está ligada aos filhos. A palha seca representa a Anciã que mantém as coisas em ordem. Como um símbolo do Deus e da energia da Deusa, o cabo de vassoura pode representar o princípio masculino como um falo e a palha se torna o triângulo púbico representante do princípio feminino. Através do uso de tal simbolismo, mantemos uma conexão com os mistérios antigos.

Os Mistérios de Elêusis originários da Grécia envolvem temas de descida e ascensão, perda e recuperação, luz e escuridão e os ciclos de vida e morte. Os ritos associados a esses mistérios eram realizados à meia-noite, durante os equinócios de primavera e outono. Os Mistérios de Elêusis lidavam com o sequestro de Perséfone pelo Deus do Submundo, um mito clássico de descendência, e com a busca pelo retorno da Deusa. Esses ritos eram realizados em homenagem a Ceres, uma Deusa agrícola que era a patrona dos Mistérios.

No mito geral, Perséfone desce ao Mundo Inferior e encontra seu Senhor. Assim, a vida desaparece com ela e o primeiro outono/inverno se abate sobre a Terra. O Senhor do Submundo se apaixona por Perséfone e quer mantê-la em seu reino. Os Deuses intervêm, implorando ao Senhor do Submundo para libertar Perséfone. Primeiro, ele se recusa, porque Perséfone comeu as sementes de romã, um antigo símbolo da semente masculina (conforme observado na Lenda da Descida Wiccaniana; eles se amaram e se tornaram um). Por fim, ele concorda, com a condição de que ela volte novamente ao seu reino pela metade de cada ano.

O outono representa a vida do mundo em declínio, simbolizado pela morte das plantas. O Equinócio de Outono é focado no espírito que partiu do Senhor da Colheita e, portanto, no sacrifício das plantas. O sacrifício de animais evoluiu para o das plantas à medida que a sociedade de caçadores-coletores se tornou agrícola. O Senhor da Colheita é morto na época de seu grão amadurecido. Ele é conhecido por muitos nomes, como Green Man, John-Barley-Corn, Haxey Hood ou Jack-in-the-Green. O tema sempre recorrente deste conceito fala de renovação. Essa renovação é um reabastecimento de energia divina de volta ao solo para repor o que as plantações consumiram. Ao consumir o Senhor da Colheita na forma de alimentos festivos da colheita, cada indivíduo saiu com sua própria natureza interior revitalizada.

O Senhor da Colheita é frequentemente simbolizado por um homem de palha, cujo corpo sacrificial é queimado e suas cinzas espalhadas sobre a terra. Nas sociedades agrícolas, as cinzas eram espalhadas nos campos arados para garantir a fertilidade do solo. Ainda é um antigo costume europeu queimar efígies de figuras míticas ao final de um ano. Esses vestígios de adoração Pagã exibidos em temas agrícolas ainda são vistos na Europa hoje. A Rainha da Colheita, ou *Kern Baby*, é um exemplo. Nesta tradição, o último feixe da colheita é empacotado pelos ceifeiros que proclamam: *"Temos a Kern!"* O feixe é arrumado com um vestido branco decorado com fitas coloridas que representam a primavera e, em seguida, pendurado em um mastro (um símbolo fálico de fertilidade). Esta é a sobrevivência do Espírito do Milho ou Mãe do Milho descrita por Frazer em *O Ramo de Ouro*[16].

Na Escócia, o último molho da colheita é chamado de *Maiden* e deve ser cortado pela moça mais jovem presente. Se a colheita não for concluída no Samhain (*Hallowmas*), o último feixe é chamado *Cailleach*, ou Anciã. Assim como o *Kern Baby* era pendurado em um poste, o *Cailleach* (também conhecido como *Kylack*) é tradicionalmente pendurado no celeiro. Quando os primeiros grãos são moídos na farinha, uma porção é colocada em um barril e misturada com cerveja e uísque. Os fazendeiros são então convidados para a celebração do *Meal and Ale* (refeição e cerveja), onde todos participam de sua saciedade. Uma vez em clima de festa, os fazendeiros vão para o celeiro e dançam embaixo do *Kylack*.

Este tipo de celebração é rastreável ao Festival da Colheita da Roma Antiga, onde os celebrantes dançavam sob as efígies de Ceres, a Deusa dos grãos.

Os Quatro Elementos

Os mitos antigos falam de uma época em que o caos existia no vazio, muito antes de o mundo ser formado. Os Deuses então reuniram os quatro elementos básicos da criação e os colocaram em harmonia. Esses elementos são chamados de Terra, Ar, Fogo e Água. De uma perspectiva metafísica, tudo é composto por um ou mais dos quatro elementos.

De acordo com o mito, o Espírito Divino uniu os elementos para mantê-los em harmonia e equilíbrio. Uma vez estabilizados dessa forma, os elementos eram supervisionados pelo Espírito. Na Bruxaria, esse conceito é simbolizado pelo Pentagrama, que representa a Terra, o Ar, o Fogo e a Água sob a direção do Espírito Divino.

16. Frazer, 1951.

As pontas do pentagrama significam os elementos: Terra, Ar, Fogo e Água, dirigidos pelo espírito.

Muitas Bruxas personificam as forças elementais e atribuem criaturas mitológicas simbólicas a cada uma. A ordem tradicional é: Terra (gnomos), Ar (silfos), Fogo (salamandras) e Água (ondinas). Algumas Bruxas preferem pensar nos elementos simplesmente como forças de energia que animam a natureza.

O elemento Terra é o princípio de solidificação e equilíbrio. O Ar é o princípio de expansão e dispersão. O elemento Fogo é o princípio de transformação e vitalidade. A Água é o princípio de mutabilidade e purificação. O princípio de ligação ou "quinto elemento" é o Espírito, simbolizando a intervenção ou interação da divindade.

Ao invocar os elementos, acredita-se que a Bruxa pode criar algo mágico, seja um resultado, uma situação ou a manifestação de um desejo pessoal. Neste trabalho mágico, a Bruxa se torna "Espírito" sobre os quatro elementos e direciona e vincula suas energias para um propósito específico. Esta fórmula é a base para muitos feitiços e rituais mágicos.

Instrumentos rituais

Na Bruxaria, há quatro ferramentas principais usadas em um ritual ou contexto mágico: o Pentáculo, o Bastão, o Athame (adaga) e o Cálice. Cada ferramenta representa um princípio elementar. O Pentáculo é uma ferramenta da Terra. O Bastão é atribuído ao Ar. O Athame é uma ferramenta do Fogo e o Cálice representa o elemento Água. Em algumas Tradições de Bruxaria, a natureza elementar do Bastão é o fogo, e o Athame representa o Ar.

Com efeito, cada ferramenta ritual é uma conexão física com um conceito metafísico e fonte de energia. As ferramentas permitem que a Bruxa se alinhe a cada elemento representado e alcance o estado alterado de consciência necessário que torna possível à Bruxa interagir com as forças elementais.

Uma vez conectadas com as forças elementais, as ferramentas servem como veículos através dos quais a Bruxa pode atrair e direcionar a energia. Os usos típicos das ferramentas incluem lançar um ritual ou Círculo Mágico, lançar feitiços, evocar/invocar divindades e invocar vários espíritos associados à Bruxaria.

Carma

Carma é o termo da crença de que todos os atos que uma pessoa realiza (bons ou maus) resultam em um apego à alma da energia de "causa e efeito". Essa energia influencia nas experiências que a alma terá como resultado. Como exemplo de uma perspectiva mundana, se decidir não levar um guarda-chuva com você para uma possível chuva, isso influenciará as experiências que terá. Se bater em alguém com raiva, isso vai influenciar as experiências futuras que terá com essa pessoa. Carma é a contraparte espiritual das leis mundanas de causa e efeito.

O carma não é uma força que recompensa ou pune. Ele simplesmente mantém a pessoa conectada com a energia gerada por suas ações ou pela falta dela. Esta energia vai unir os indivíduos, não apenas nesta vida, mas nas vidas futuras que virão. A ligação energética continuará até que a razão para o apego seja dissolvida.

Para dissolver uma conexão cármica, é preciso pagar o que chamamos de "dívida cármica". O pagamento da dívida envolve a restituição ou a mudança de conduta. Isso pode se manifestar de várias maneiras, incluindo o agressor sendo colocado na mesma situação que o ofendido. Um exemplo pode ser que um ladrão nesta vida experimentaria grandes perdas materiais em uma vida futura, ou uma vida que nega à pessoa a aquisição das coisas que ela deseja.

No caso do ladrão, as frustrações experimentadas na próxima vida fornecem a geração de energia que permite que o apego cármico seja "queimado" e, portanto, rompido. Uma vez livre da dívida, a alma pode então passar para outras oportunidades de crescimento e evolução.

Reencarnação

É um conceito antigo de que nós, como seres materiais, possuímos uma alma que vive após a morte de nosso corpo físico. Para nossos ancestrais, os ciclos sempre repetidos da Natureza, vistos nas quatro estações e o incessante nascer e pôr do sol e da lua, todos sugeriam o tema da renovação e do retorno.

Sabemos de fontes literárias antigas que certos filósofos gregos, como Pitágoras e Platão, por exemplo, ensinaram o conceito de reencarnação, e que os druidas o ensinaram aos celtas. Na época em que o conceito apareceu na literatura ocidental, era um princípio de crença complexo e altamente desenvolvido. Mas suas origens foram, sem dúvida, enraizadas em um sistema de crenças mais primitivo de uma época anterior.

Nossos ancestrais sabiam que enterrar uma semente no solo provoca o retorno da planta da qual ela veio. Talvez, para o raciocínio primitivo, a mesma coisa pudesse ser realizada enterrando o corpo de um ente querido no chão. O fato de a genética reproduzir características familiares específicas provavelmente levou à crença de que vários indivíduos haviam retornado novamente entre os nascidos na família. Portanto, uma criança cujo nariz se parece com o de um avô falecido, ou cujo dedão do pé é idêntico ao de um antigo tio-avô, pode ter feito as pessoas concluírem que um ancestral havia retornado. Tal teoria não nega a realidade da reencarnação como um conceito válido, mas apenas sugere um possível catalisador para a consideração de tal princípio.

Hoje, muitas pessoas afirmam se lembrar de vidas passadas, e muitas tradições "ocultas" (uma palavra latina que significa simplesmente "segredo") ensinam técnicas destinadas a ajudar a lembrar de vidas anteriores. Um dos valores ao relembrar uma vida passada é entender melhor como o Carma está influenciando a experiência de vida atual de uma pessoa. No entanto, embora as Bruxas acreditem na reencarnação, a maioria sente que a vida presente é onde se deve concentrar sua atenção. O conceito de reencarnação e sua relação com a Bruxaria são abordados com mais detalhes no capítulo nove.

4

TORNANDO-SE UMA BRUXA

No capítulo três, exploramos a religião da Bruxaria e seus princípios básicos. Neste capítulo, continuamos nossa exploração e veremos como uma pessoa se torna uma Bruxa. Mais importante, no entanto, descobriremos o que significa *ser* uma Bruxa. Nesta jornada, muitas coisas interessantes serão apresentadas para sua consideração. Vamos começar com algumas perguntas.

Você sempre se sentiu diferente da maioria das pessoas ao seu redor? Ver a Lua no céu noturno chama algo profundo em seu espírito? Você é naturalmente atraída(o) por coisas de natureza mística? Ao considerar a religião convencional, você sempre sentiu que há "mais do que isso" ou que muitas coisas simplesmente não fazem sentido? A sua intuição costuma ser mais confiável do que suas conclusões pensadas? Você costuma se arrepender de não ter seguido seus "instintos" em um assunto? Nesse caso, pode ter algo de Bruxa dentro de você.

Por séculos, as pessoas acreditaram em certos sinais indicando que alguém era uma Bruxa. Possuir uma marca de nascença incomum, ter nascido com uma membrana na cabeça ou dois olhos de cores diferentes era o suficiente para declarar alguém como Bruxa. No folclore antigo, nascer como o sétimo filho de um sétimo filho também tornava essa pessoa uma Bruxa. Durante a era da Inquisição, os filhos de qualquer pessoa condenada pela prática de Bruxaria também eram considerados Bruxos. Consulte o capítulo nove para obter informações adicionais sobre o fator hereditário.

Dentro da comunidade da Bruxaria Moderna há um grande debate sobre como alguém se torna uma Bruxa. Algumas pessoas acreditam que nasceram Bruxas, outras acham que escolheram esse caminho mais tarde na vida, enquanto outras ainda acham que o caminho as escolheu.

Todas essas visões são reflexos da verdade. A Bruxaria é um caminho espiritual pessoal e muitas pessoas que procuram a Arte sentem que voltaram para casa.

Existem algumas pessoas na Arte que acreditam que uma pessoa deve nascer em uma família de Bruxas para ser uma Bruxa "de verdade". Existem indivíduos que acreditam que foram Bruxos em uma vida passada e reencarnaram assim novamente. Outros acham que sempre foram Bruxos, embora tenham nascido em uma família que não fosse Bruxa. O que então é ser uma Bruxa e o que torna uma pessoa qualificada assim?

Ser Bruxa é, no fundo, uma forma de ver o mundo e de acreditar e viver de acordo com essa visão. Nascer em uma família de Bruxas não significa necessariamente que a pessoa vai viver sua vida como Bruxa (da mesma forma que ter nascido católico não vai garantir que a pessoa cresça e pratique o catolicismo ou mesmo acredite em seus princípios). Como em qualquer religião ou caminho espiritual, apenas uma pessoa que pratica sua fé e acredita nos dogmas essenciais pode ser verdadeiramente considerada "pertencente" a essa crença religiosa em particular. Qualquer coisa menos do que participação equivale a pouco mais do que uma associação com essa religião.

Simplesmente ler livros sobre Bruxaria e basicamente concordar com as crenças e práticas gerais não fará de uma pessoa uma Bruxa. Lançar feitiços e fazer um ritual ocasional também não, nem se vestir de "Bruxa" e se aparamentar com joias ocultas. Ser Bruxa é algo muito mais profundo e intensamente comprometido.

Charles Leland, um folclorista que estudou as Bruxas e a Bruxaria na Itália durante o século 19, disse que uma pessoa poderia se tornar uma Bruxa estudando sua tradição e mantendo companhia com Bruxas. Isso sugere um grau de dedicação e envolvimento focado e um tanto íntimo. Autores (e Bruxos), Gerald Gardner e Doreen Valiente, em seus escritos de meados do século 20, falavam de Bruxas e Bruxos como os "filhos ocultos da Deusa" e como "os filhos secretos dos poucos escolhidos".

É verdade que a religião da Bruxaria não é para todos. As Bruxas são normalmente pessoas únicas, embora tenham todas as origens, formações educacionais e carreiras. Um dos poucos elementos comuns que todas as Bruxas compartilham é uma natureza basicamente independente. As Bruxas não são "seguidoras" por natureza e tendem a pensar por si mesmas. Elas não aderem cegamente aos princípios religiosos, nem colocam a fé acima do raciocínio.

Há uma expressão comum usada por muitas Bruxas: "Organizar Bruxas é como tentar pastorear gatos". Isso aborda a questão central da natureza independente da Bruxa comum. No entanto, seria um erro acreditar que as Bruxas não podem se unir para lutar por uma causa comum. As Bruxas podem e devem se unir para apoiar a Arte sempre que houver necessidade. Bruxas são um apoio importante para a comunidade Pagã.

A palavra *Pagão* é derivada do latim *pagani*, que significa simplesmente "morador do campo", em oposição a um morador da cidade. Mais tarde, foi usada para identificar pessoas que ainda acreditavam nos antigos Deuses do campo e da floresta, em oposição ao Deus único dos antigos hebreus.

No Novo Testamento da Bíblia, os Pagãos eram frequentemente comparados a cabras em várias escrituras, e os "fiéis seguidores de Deus" eram comparados a ovelhas, que seguem um pastor. A velha expressão *"Faça uma te seguir e todas irão"* surgiu do comportamento natural das ovelhas. Tirando vantagem desse instinto, os pastores controlam o movimento das ovelhas, que tendem a ser tímidas, nervosas e assustadas com facilidade. Tendo poucos meios naturais de defesa, eles instintivamente se unem em um grupo chamado "rebanho". Todos os membros do rebanho seguirão qualquer membro do rebanho que por acaso liderar.

A cabra é uma criatura muito diferente das ovelhas. Em sua maioria, são animais muito sociáveis, vivazes, curiosos e independentes, embora em um rebanho misto, elas preferem se cercar de outras da mesma raça. As cabras têm excelente visão noturna e costumam ser ativas à noite.

Nos rebanhos de cabras, a "rainha" lidera o grupo. Essa fêmea geralmente atinge seu posto em virtude de ter a maioria dos descendentes. O domínio da mãe sobre os filhos é mantido ao longo da vida, e os filhos preferem ficar perto da mãe, mesmo que separados por anos e depois reintroduzidos.

O macho dominante, conhecido como reprodutor, é agressivo durante a época de reprodução, mas durante o resto do ano é submisso à rainha.

A liderança sobre o rebanho é passada para frente e para trás entre a rainha e o macho, com base na regra sazonal. Na Bruxaria moderna, as mulheres são principalmente as facilitadoras e líderes de grupo. Em algumas tradições da Arte, a liderança de um Coven é dividida entre a Alta Sacerdotisa e o Alto Sacerdote, que "governam" por um período de seis meses.

Mulheres na Arte tendem a ser pessoas fortes, autoconfiantes e empoderadas.

Homens na Arte são tipicamente aqueles que percebem que a verdadeira medida de um homem não está em sua capacidade de intimidar fisicamente, nem em qualquer demonstração de força física, mas em saber como e quando usar a autocontenção. Homens na Arte desempenham um papel de apoio à liderança feminina de grupos e são protetores e companheiros.

Na Bruxaria moderna, muitas Bruxas praticam sozinhas ou ocasionalmente com amigos. Este caminho solitário nem sempre é desejado, embora algumas Bruxas prefiram não se associar a grupos. Ainda existem áreas dos Estados Unidos, Europa e outras regiões do mundo nas quais as pessoas se apegam aos tipos estereotipados da Bruxa malvada/Bruxa satânica. Essa ignorância faz tais pessoas temerosas e contrárias em relação à Bruxa. Contudo, a Bruxaria é considerada a religião de crescimento mais rápido nos Estados Unidos e partes da Europa. Talvez, com o tempo, os avessos à Bruxaria terão um olhar aberto e honesto sobre a Arte moderna.

Posso realmente ser uma Bruxa?

Como autor, recebo correspondência de leitores e em muitas cartas vejo um tema recorrente. As pessoas querem saber se podem se tornar Bruxas sem serem iniciadas por alguém que seja Bruxa ou Bruxo (e tenha uma linhagem própria dentro da Bruxaria). Muitos leitores comentam que as pessoas nos fóruns de discussão da Internet os fazem sentir que, sem um orientador e um direcionamento externo, nunca poderão ser Bruxas. Também existe a preocupação expressa de que sem um orientador os "segredos" da Arte permanecerão ocultos, o que implica um beco sem saída para aqueles sem acesso às chaves. Veja o capítulo cinco, a seção intitulada "A Voz do Vento", para alguns pontos de vista alternativos sobre este tópico.

O argumento de que é necessário um iniciador nos apresenta o dilema clássico: "O que veio primeiro, a galinha ou o ovo?" As primeiras Bruxas apareceram de alguma forma mágica e então iniciaram aqueles que consideraram dignos? Ou alguns indivíduos desenvolveram as qualidades que associamos às Bruxas e, em seguida, ensinaram a outros como obtê-las também? Para os fins deste livro, a última parece ser a conclusão mais lógica dos dois cenários. A última pergunta interessante então se torna: qual grupo teve as primeiras Bruxas? Foi o grupo de ensino de indivíduos autodidatas ou foi o grupo ensinado por eles e, portanto, os primeiros indivíduos a serem formalmente iniciados? Consulte o capítulo cinco, seção com o subtítulo "A Bruxa como Sacerdotisa" para obter mais informações.

Se olharmos para a Bruxa como resposta, devemos perguntar o que ela possui que uma "não Bruxa" não possua. Se aceitarmos que a maioria das Bruxas não são hereditárias, então podemos (para o propósito desta discussão) remover a explicação de "algo herdado no sangue". Isso nos deixa sem resposta genética, o que exclui traços físicos, etnia e mutação (porque as Bruxas não compartilham semelhanças visíveis comuns não compartilhadas também por não Bruxas, e não têm órgãos internos misteriosos não encontrados em que não é Bruxa).

Por que alguém se sente atraído por ser uma Bruxa? Certamente podemos fazer a mesma pergunta sobre: "por que alguém é levado a ser cristão, budista, muçulmano, hindu ou praticante da religião judaica?" Uma vez que todas essas religiões são compostas por praticantes de diferentes raças e culturas, a resposta novamente não parece residir na genética. Talvez a resposta esteja no reino espiritual.

Despojados de nossos componentes humanos, somos deixados com a alma ou espírito para examinar. Para simplificar, usarei o termo "alma" para indicar a consciência que sobrevive à morte do corpo físico. A natureza da alma é diferente em comparação com a alma de uma pessoa não Bruxa antes que ela venha a residir em um corpo carnal? As almas vêm de diferentes raças espirituais e, portanto, possuem diferentes características e qualidades? Estas são questões interessantes que deixarei que você pondere por conta própria.

Segundo a tradição oral, os humanos trazem em si a "centelha divina" de seus criadores. Esse conceito é explorado em detalhes no capítulo nove. Essencialmente, a centelha divina nos conecta a fonte de nossas origens. É uma consciência em si mesma. Como seres sencientes, compartilhamos a consciência com a centelha divina dentro de nós. Essa conexão nos confere muitas qualidades e realça outras que possuímos separadamente.

Para encontrar a resposta à nossa pergunta, devemos olhar para uma de nossas qualidades conhecidas como potencial. Não chegamos na carne como almas que possuem todas as respostas. No entanto, possuímos a faculdade de discernimento, que pode nos levar às respostas que buscamos. De tal modo, temos o potencial de descobrir tudo o que devotamos nossa consciência ao entendimento. Essa qualidade única da alma pode desvendar os segredos que encontramos quando combinados com outras características que possuímos. Isso é algo que todas as almas têm em comum.

Argumentou-se que a alma fornece nossa consciência e o cérebro é simplesmente o mecanismo para sua expressão na dimensão física. Aceitando isso, usarei o termo "mente" para indicar uma aventura cooperativa entre o cérebro físico e a consciência espiritual. Em outras palavras, a mente é a manifestação da consciência que surge quando a alma se comunica por meio da função do cérebro.

O cérebro humano contém células de memória que retém informações. Todas as nossas experiências são registradas no banco de dados do cérebro. Isso inclui tudo o que já vimos, ouvimos, tocamos ou pensamos. É essencialmente por isso que podemos nos lembrar de passagens de um livro, versos de um filme e assim por diante.

Para que possamos nos lembrar de algo, deve haver uma conexão que traga a memória. Por exemplo, se estamos tentando lembrar o nome de um ator, nossa mente não vai encontrá-lo nas células cerebrais que retêm a memória do que jantamos na noite passada, embora pudesse, se o filme que estávamos assistindo tivesse algo a ver com o ator. Neste exemplo, podemos dizer a nós mesmos: *"Qual era o nome daquele ator... ele atuou em filmes como o que vi ontem à noite... sim... pensei nele, mas não consigo me lembrar... hmmm, vamos ver... eu estava assistindo ao filme e comendo um pouco de arroz quando pensava... ah, sim, o nome dele era!"* Isso é comumente conhecido como "associação de cadeia de memória". O cérebro estava gravando o que você estava fazendo e pensando e fez conexões entre cada *bit* de dados gerado durante a experiência.

É o processo de associação da cadeia de memória que está por trás dos chamados "momentos de iluminação" que todos experimentamos. Você não tem dúvidas de que leu no passado uma passagem de um livro que o fez dizer: "Ah, é por isso..." Ou você disse "Ah, então se isso é assim, então explica o porquê... O que acontece é que pedaços de dados isolados nas células de memória do cérebro formam repentinamente uma conexão (associação em cadeia) devido às novas informações. Portanto, a conexão entre *bits* de dados antes isolados, agora formam juntos um novo conceito ou nível de compreensão.

Uma vez que a conexão é feita, a mente traça o relacionamento e o apresenta à nossa consciência. Então, sentimos que entendemos algo novo. No entanto, já possuíamos todos os dados e só faltavam as conexões. Na verdade, já sabíamos disso, mas não tínhamos percebido antes. Sabemos muitas coisas, porque estamos constantemente registrando dados, mesmo quando sonhamos. O truque é integrar o que sabemos com o que entendemos, e é isso que a Bruxa faz.

A fórmula e o processo já existem dentro de todos os indivíduos. Somos seres espirituais em uma condição humana, e as faculdades necessárias para praticar a Bruxaria e ser um Bruxo residem dentro de cada um de nós. A única diferença prática verdadeira entre a pessoa Bruxa e a não Bruxa reside na compreensão de como acessar e empregar os mecanismos internos à vontade. Embora muito disso seja guardado por juramentos de sigilos honrados pela maioria das Bruxas, tudo isso foi originalmente descoberto por não Bruxas que tinham uma propensão para a busca da iluminação.

No início desta seção, foi feita a pergunta: "Como posso realmente ser uma Bruxa?" Em todos os aspectos e em contexto com o que apresentei nesta seção, a resposta à pergunta é, por *você*. Só você pode responder ao potencial dentro de si, e só você pode permitir por sua própria vontade que outros tirem as coisas de si. Pois como as próprias Bruxas dizem: *"Saiba que tua busca e anseio são em vão, a menos que conheças o mistério: se aquilo que procuras não encontrares dentro de ti, jamais o encontrarás fora."*

Os primeiros passos

A Bruxaria é, em sua essência, uma religião intimamente conectada com a Natureza, com seus mecanismos internos e com as mudanças sazonais que afetam a Terra. É comum na maioria das religiões terrestres que o buscador passe algum tempo em um ambiente natural. Isso é feito em uma tentativa consciente de se comunicar com o espírito da própria Natureza.

Um acampamento, mesmo que por apenas alguns dias, pode servir como uma oportunidade para ficar sozinho sob a lua e as estrelas. Aqui, uma versão da "busca da visão" ou "busca do espírito" conhecida nas sociedades antigas, pode ser realizada. Em tal cenário, as perguntas difíceis são feitas: "O que eu acredito sobre a divindade?", "O que eu duvido?", "O que eu não acredito?" Manter um diário durante este período será útil para refletir sobre a experiência.

Enquanto passa algum tempo sozinho na Natureza, encontre um local onde não seja incomodado por pelo menos uma hora. Leve com você uma garrafa de água, alguns grãos, algumas ervas secas e oito pequenas pedras ou seixos. As ervas chamadas "verbena", "absinto" e "arruda" são ideais para esse propósito. Você vai precisar de cerca de 30 gramas de cada erva. As pedras podem ser de qualquer variedade, embora o cristal de quartzo seja o mais popular.

Depois de encontrar um local onde possa se sentar em paz e confortavelmente sem ser perturbado, coloque quatro das pedras para marcar os quatro quadrantes Norte, Leste, Sul e Oeste. Disponha-as de forma que haja espaço suficiente para você se sentar no centro, entre as pedras distantes. Em seguida, coloque cada uma das quatro pedras restantes entre as quatro pedras de cada quadrante. Isso formará um círculo de oito pedras ao seu redor.

Separe três quartos das ervas, triture-as e espalhe a mistura ao longo do círculo de pedras. Certifique-se de que todo o círculo seja ligeiramente polvilhado com as ervas. Feito isso, sente-se diretamente no centro do círculo, de frente para o Leste. Coloque a garrafa de água à sua frente, o restante das ervas secas e os grãos. Use um pequeno pano para colocar os itens.

Sente-se em silêncio por alguns momentos com as palmas das mãos apoiadas confortavelmente no chão. Respire fundo e expire lentamente. Repita isso três vezes. Em seguida, coloque as mãos no colo e observe a paisagem à sua frente.

Estude tudo à sua vista e esteja ciente da variedade de objetos, todos reunidos aqui, no equilíbrio da Natureza.

A próxima etapa é tomar consciência de você como parte dessa configuração. O que você deseja alcançar é um sentimento de pertencimento à ordem natural, em vez de ser um "visitante civilizado" do mundo da humanidade. Esta etapa é importante e você pode ter que pedir ajuda aos espíritos deste lugar. Embora eles não se comuniquem na linguagem como entendemos, os espíritos compreenderão a intenção do que você transmite nas vibrações emocionais/sinceras de suas palavras. Portanto, você deve sentir sinceramente que deseja a comunicação.

Quando sentir uma sensação de conexão e estiver tudo pronto para prosseguir, despeje uma pequena oferenda de água no solo e diga:

> Espírito da Terra, eu sou um buscador.
> Abra agora para mim os velhos métodos e guie-me em meu caminho.

Em seguida, despeje as ervas no chão à sua frente e diga:

> Espírito dos bosques e campos, eu sou um buscador.
> Abra agora para mim os velhos métodos e guie-me em meu caminho.

A última etapa é despejar o grão na sua frente e dizer:

> Espíritos de vida e crescimento, eu sou um buscador.
> Abra agora para mim os velhos métodos e guie-me em meu caminho.

Conclua falando sobre seu desejo de explorar a Bruxaria e peça para ser guiado. Depois de concluir o processo, agradeça aos espíritos do lugar. Deixe as ervas e os grãos (são oferendas) e despeje o resto da água. Pegue as oito pedras e coloque-as em uma bolsa. Colete uma pequena porção (cerca de uma palma) das ervas que foram espalhadas ao redor do círculo. Pegue também três folhas da área. Mantenha tudo isso junto para uso conforme discutido posteriormente neste capítulo.

Se você decidir que deseja explorar a Bruxaria como religião e caminho espiritual, então naturalmente vai desejar começar um estudo sério. Eu forneci uma lista de leituras sugeridas no final deste livro. O curso pode levá-lo a decidir se vai querer ou não se dedicar ao caminho.

Tradicionalmente, a dedicação é um período de compromisso pessoal que dura um ano. Durante o período de dedicação a pessoa vive de acordo com os costumes da Bruxaria. Ele ou ela também participa da "Roda do Ano", que significa os oito Sabbats das quatro estações e os períodos de lua cheia.

Um plano de estudo

Antes do seu ano de dedicação, existem várias áreas de estudo que você vai precisar investigar. Uma lista de leituras sugeridas pode ser encontrada no final deste livro. Naturalmente, o primeiro curso de ação é ler alguns livros que vão lhe fornecer uma visão geral da Bruxaria como religião e caminho espiritual. Ao fazer isso, você vai descobrir rapidamente que existem muitas perspectivas diferentes a serem encontradas. Essa variedade vai permitir que você descubra o que está de acordo com suas necessidades e estado de espírito atuais.

A segunda área para seu foco será sobre o senso de divindade na Bruxaria. É importante compreender a visão que a maioria das Bruxas mantém a respeito da Fonte Divina. A Bruxaria, como religião, enquadra-se na categoria geral do Paganismo. Para entender melhor este aspecto, devemos dissipar algumas das noções preconcebidas errôneas relacionadas ao Paganismo. Para fazer isso de forma eficaz, é melhor examinar as origens das palavras. Conhecer a origem de várias palavras nos ajuda a entender o que as pessoas que as produziram quiseram dizer com o uso delas. Para começar, vejamos as palavras "Pagão" e "inculto".

Na maioria dos dicionários modernos, você vai encontrar a etimologia de qualquer palavra que deseja definir. Etimologia apresenta as origens de uma palavra, bem como as mudanças e as formas no uso de qualquer palavra. Conhecer a etimologia nos ajuda a discernir a visão que os originadores das palavras tinham sobre as coisas que rotulavam.

Se você procurar a palavra "Pagão", vai encontrar sua origem na palavra latina *paganus*, que significa "habitante do campo", e do latim *pagus*, que indica uma pessoa de um distrito rural. Em tempos posteriores, judeus, cristãos e muçulmanos usaram a palavra Pagão para indicar alguém que não acreditava em sua visão de Deus. Algumas pessoas também a usaram para indicar uma pessoa que não tinha opiniões religiosas, o que não tem base em fatos. As Bruxas modernas usam essa palavra para indicar uma pessoa que acredita em muitos Deuses e Deusas.

As raízes da palavra "Pagão" são derivadas da palavra do inglês médio *Heath* (*Incult*), que se refere a terras não cultivadas. Portanto, um "inculto" era uma pessoa que vivia longe das áreas desenvolvidas das cidades. A este respeito, Pagão e inculto têm essencialmente o mesmo significado. Durante o período cristão primitivo, a palavra "Pagão" foi usada para indicar o "povo não convertido". A Igreja também colocou qualquer pessoa que ela considerasse não iluminada e/ou não civilizada nesta mesma categoria. Nos tempos modernos, Pagão passou a significar uma pessoa que não aceita o conhecimento de Deus como visto pelas religiões judaica, cristã ou muçulmana.

Apesar da generosidade natural da Natureza, os povos antigos ainda criavam rituais destinados a atrair abundância. Isso ocorre, porque os humanos antigos viviam em uma "causa comum" com a Natureza e entendiam que devemos devolver algo para terra quando pegamos outra coisa. Os rituais aumentavam a energia e a direcionavam para o solo para devolver a fertilidade. Oferendas eram feitas aos espíritos da Natureza para encorajar sua participação e assistência.

O estudo do material delineado nesta seção e o enfoque nas áreas recomendadas vai ajudar a compreender o núcleo essencial dos rituais da Bruxaria, os elementos religiosos da Arte e a espiritualidade das Bruxas. Se descobrir que os velhos métodos a estão chamando e ressoando dentro de você, então será hora de considerar entrar no estágio da dedicação.

Dedicação

Como mencionado anteriormente, o período de dedicação é um momento de comprometimento em viver a vida nos moldes da Bruxaria. Na maioria das Tradições, o dedicante adquire suas ferramentas rituais durante este período. O ano é dividido em temas elementares associados a cada um dos quatro elementos. Cada trimestre do ano está associado a uma das quatro estações, as quais têm, elas mesmas, um elemento atribuído próprio.

A estação da primavera está ligada ao elemento Ar. O verão é representado pelo Fogo, o outono pela Terra e o inverno está vinculado à Água. Portanto, o Bastão ritual é adquirido na primavera, o Athame no verão, o Pentáculo no outono e o Cálice no inverno. Cada ferramenta pode ser ritualmente dedicada e abençoada no solstício ou equinócio que corresponde à estação.

Comece seu período de dedicação construindo um pequeno altar em algum lugar de sua casa. Seu altar deve incluir duas velas, uma figura da Deusa e uma figura do Deus, uma tigela de oferendas, um porta-incenso e um frasco de óleo para unção. O óleo pode ser de qualquer cheiro que seja agradável e evoque uma sensação de Bruxaria quando você o inala. Unja-se com o óleo antes de qualquer trabalho de altar que realizar.

Se a privacidade for um problema em sua casa, você pode desmontar o altar quando não estiver em uso. Você pode manter os itens em uma caixa que está escondida e pode até mesmo usar a própria caixa como um altar. O ideal, porém, é manter o altar sempre arrumado. Desta forma, o altar começará a adquirir uma atmosfera própria à medida que acumula as energias direcionadas que recebe de sua atenção. Esta é, na verdade, sua própria aura.

Como parte da experiência que você vai adquirir durante o período de dedicação, devem ser realizadas "devoções" semanais. A segunda-feira está associada à Lua e o domingo está associado ao Sol. Portanto, toda segunda-feira você vai querer pegar um pano e limpar a figura da Deusa como um ato de devoção. Em cada domingo você vai querer fazer o mesmo para a figura do Deus. Como um aprimoramento especial, você pode ungir cada estátua com um óleo exclusivo, em outras palavras, um "perfume da Deusa" e um "perfume do Deus" (consulte a seção deste capítulo intitulada "Selecionando um Panteão"). Qualquer loja de suprimentos ocultos ou "Loja de Bruxas" terá uma linha de óleos.

Depois de limpar e ungir cada figura de divindade, acenda um pouco de incenso e coloque uma oferenda em sua tigela de oferenda. De modo geral, as flores são boas oferendas à Deusa e as sementes são boas oferendas ao Deus. Depois de escolher um conjunto específico de divindades, será possível aprender mais sobre elas e ideias adicionais para oferendas vão se tornar aparentes. No início, é uma boa ideia conceber a divindade como "A Deusa" e "O Deus" até que você seja atraído por algumas específicas.

Além das devoções semanais, você vai querer pelo menos fazer uma observação dos Sabbats, bem como a hora da lua cheia. A maioria das pessoas começa trabalhando em um ambiente solitário, até que se sinta confortável convidando outras pessoas ou juntando-se a outros praticantes. Tradicionalmente, um dedicante não reivindica o título de "Bruxa" até completar o período da dedicação. O próprio período de dedicação começa com um ritual formal.

Ritual de Dedicação

Um ritual de dedicação é essencialmente um ato formal no qual a pessoa declara sua intenção de se tornar uma Bruxa. Você pode criar seu próprio rito ou usar este que será passado nesta seção.

Obviamente, você vai querer ler o restante deste livro, e vários outros, antes de decidir se vai se dedicar a esse caminho. Uma vez que decida se dedicar, então você vai se comprometer com um ano de estudo focado e discernimento.

O seguinte rito de dedicação simples é baseado em um Ritual de Iniciação que supostamente data do século 15. Ele foi modificado para uso na arena pública e você pode modificá-lo ainda mais para se adequar à sua situação pessoal.

À meia-noite, quando a lua estiver cheia, saia para um campo aberto ou uma clareira na floresta. Leve consigo um recipiente com água, outro com vinho e uma tigela. Pegue também um pequeno saco vermelho contendo um raminho de erva arruda como seu amuleto e uma pitada de sal. Traga a bolsa de pedras e ervas que você usou para sua missão espiritual original.

Quando encontrar o ajuste certo, despeje um pouco de vinho e água na tigela e adicione uma pitada de sal. Desenhe um círculo com as oito pedras exatamente como fez antes. Se for prático, tire as roupas e ajoelhe-se no círculo sob a lua. Mergulhe o ramo de arruda na tigela de líquido e unja-se com ele, no padrão do Pentáculo: testa – mamilo direito – ombro esquerdo – ombro direito – mamilo esquerdo – testa.

Em seguida, coloque o ramo de arruda nas palmas das mãos e levante-o em direção à lua, dizendo:

OUÇA-ME, Ó DEUSA DA LUA,
RAINHA DE TODAS AS BRUXAS,
POIS EU CARREGO OS SÍMBOLOS DA ANTIGA RELIGIÃO.
OUÇA-ME ENTÃO,
E PENSE AINDA POR UM MOMENTO SOBRE ESTE ADORADOR
QUE SE AJOELHA DIANTE DE TI.

POIS EU OUVI O ANTIGO CHAMADO,
E EU ACREDITO NAS PALAVRAS DOS SÁBIOS,
QUANDO FALARAM DA TUA BELEZA NO CÉU NOTURNO,
QUANDO PEDIRAM PARA TE PROCURAR
E ENCONTRAR ACIMA DE TODOS OS OUTROS.

AQUI, ENQUANTO A LUA CHEIA BRILHA SOBRE MIM,
RECEBA-ME, Ó DEUSA.
RECEBA-ME COMO SEU FILHO.

Unja-se novamente com a arruda mergulhada na tigela e diga:

DEUSA, BELA DEUSA, SENHORA DA LUA E ALÉM, RAINHA DE TODAS AS BRUXAS,
DEUSA DA NOITE ESCURA E DE TODA A NATUREZA,
CONCEDA-ME SEU FAVOR.

Unja-se uma terceira vez com o ramo de arruda, dizendo:

EM NOME DA DEUSA,
QUE ASSIM SEJA.

Reúna os itens e coloque a arruda de volta na sacola vermelha. Sente-se calmamente sob a lua cheia e ouça os sons da noite por um tempo. Quando sentir que é hora de sair, reúna as pedras e coloque-as em uma bolsa. Leve os outros itens com você e deixe a área limpa da mesma maneira que a encontrou.

Depois de ter concluído o Rito de Dedicação à Deusa, escolha um dia para realizar um rito semelhante para o Deus. Selecione uma área arborizada que não seja tão cheia de árvores que impeçam sua visão do sol. Leve com você uma tigela e uma garrafa de água. Ao meio-dia, estabeleça seu círculo de pedras. Entre no círculo e sente-se na área central.

Despeje um pouco de água na tigela e mergulhe uma bolota na vasilha, unja-se com ela à maneira do Pentáculo: Testa – mamilo direito – ombro esquerdo – ombro direito – mamilo esquerdo – testa.

Em seguida, coloque a bolota em suas palmas e levante-a em direção ao sol, dizendo:

Ouça-me, ó Deus do Sol,
Senhor de todas as Bruxas,
Ouça-me, porque eu carrego a semente da luz.
Pense ainda por um momento sobre este adorador
que se ajoelha diante de você.

Pois eu ouvi o antigo chamado,
e eu acreditei nas palavras dos Sábios,
quando falaram de seu poder no céu diurno,
quando buscaram e encontraram força em você
acima de todas as outras.
Aqui, enquanto o sol brilha sobre mim,
receba-me, ó Senhor.
Receba-me como seu filho.

Unja-se novamente com a bolota mergulhada na tigela e diga:

Deus, Deus poderoso,
Senhor do Sol e além,
Senhor de todas as Bruxas,
Deus da luz do dia
e de toda a natureza,
conceda-me seu favor.

Unja-se uma terceira vez com a bolota, dizendo:

Em nome do Deus,
que assim seja.

Reúna os itens e coloque a noz na bolsa. Sente-se calmamente sob o sol e ouça os sons da floresta durante o dia. Quando sentir que é hora de ir embora, reúna as pedras e coloque-as na bolsa com a bolota. Leve os outros itens com você e deixe a área limpa da mesma maneira que a encontrou.

Selecionando um Panteão

A maioria das Bruxas seleciona em algum ponto uma forma do Deus e da Deusa que ressoa com elas. Muitas Bruxas vão buscar um Deus e uma Deusa específicos da mitologia de seus ancestrais. Algumas Bruxas são atraídas por divindades dos mitos e lendas que aparecem em uma cultura que não tem nenhuma conexão de linhagem direta com o buscador. Outras acabam descobrindo que um Deus e uma Deusa as escolheram.

Não é essencial que você procure suas divindades dentro das conexões de sua própria nacionalidade com o passado. Você pode servir igualmente bem a um Deus e a uma Deusa de qualquer cultura. E pode também praticar um Tradição de Bruxaria de qualquer cultura pela qual se sinta atraída. Existe, no entanto, um fluxo definido e específico de energia em conexão com as tradições associadas à linhagem de alguém. No final, certamente fará a escolha certa para você. É uma escolha que mais tarde poderá mudar de acordo com suas necessidades.

Ao escolher uma Deusa e um Deus, é importante entender que eles se tornam um par. Portanto, certifique-se de que as duas divindades são compatíveis. Por exemplo, parear uma Deusa da paz com um Deus da guerra não seria uma boa combinação. A união de suas energias ao invocá-los ou evocá-los seria como tentar misturar óleo e água.

Na maioria dos casos, as coisas ocorrerão melhor quando você não tentar combinar divindades de culturas diferentes. Por exemplo, parear um Deus egípcio com uma Deusa celta pode criar certa desarmonia. Isso ocorre, porque cada Deus e cada Deusa receberam forma e caráter dentro de uma compreensão e expressão cultural definidas. Portanto, Deuses e Deusas de várias terras têm seu próprio sabor ou vibração. Além disso, muitas divindades já possuem companheiros em seus contos mitológicos e lendários. Aqui, a sabedoria antiga pode nos servir melhor do que a criatividade moderna.

É aconselhável estudar os contos antigos e observar os amigos, aliados, companheiros, interesses amorosos, adversários e inimigos de qualquer divindade que estiver considerando incluir em seu panteão. O que você vai descobrir prontamente, na maioria dos casos, é que, embora várias divindades tivessem casos com outros Deuses e Deusas, esses relacionamentos não duraram nem se desenvolveram em nada a longo prazo. Ao escolher uma Deusa e uma figura de Deus acasaladas para o seu panteão, você pode levar em consideração a estabilidade do relacionamento em si.

Na Bruxaria como religião, você vai encontrar certos temas básicos e centrais associados às divindades da Arte. Isso é abordado com mais detalhes no capítulo nove, portanto, vou apenas descrevê-lo brevemente aqui.

A Deusa está intimamente ligada à Lua e ela tem uma natureza tríplice personificada como Donzela, Mãe e Anciã. Ela também é identificada com a figura da Grande Deusa/Grande Mãe e com a Natureza como uma personificação.

O Deus está intimamente ligado ao sol, e ele tem uma natureza triforme personificada como o Encapuzado, o Cornífero e o Ancião. Ele também é identificado com a figura do Grande Pai/Pai dos Céus e com a Natureza como a personificação do princípio da impregnação.

Tanto a Deusa quanto o Deus da Bruxaria compartilham os atributos das divindades do Submundo. As forças da luz e das trevas, vida e morte, crescimento e declínio, estão todas presentes nas formas de divindades da Bruxaria. Os princípios de transformação, rejuvenescimento, renovação, regeneração e renascimento também se refletem nas divindades da Arte.

Ao escolher formas de divindades para seu altar e para seu foco de adoração e prática ritual, você deve considerar os elementos básicos listados nesta seção. Examine os mitos e lendas de qualquer divindade que está considerando e observe a presença ou ausência das características listadas aqui. Isso vai ajudar a garantir o acasalamento mais prático de um Deus e uma Deusa para uso em seu panteão.

Conexão com imagens de divindades

Algumas pessoas, especialmente as de origem judaico-cristã, têm dificuldade em venerar divindades por meio das imagens representativas de uma estátua do Deus e da Deusa. Algumas Bruxas também têm dificuldade de mudar para um novo panteão e se sentem desconfortáveis em usar imagens diferentes daquelas de sua tradição anterior. Na realidade, quaisquer imagens, nomes e atributos relacionados à divindade são simplesmente construções humanas.

Eu desenvolvi um ritual simples que pode ajudar na mudança do monoteísmo para o politeísmo, ou na transição de uma Tradição da Arte cultural para outra. Trata-se de abordar o conceito anterior de divindade e, em seguida, renomeá-lo e atribuí-lo a uma nova forma.

Para começar, selecione o Deus e a Deusa com as quais deseja trabalhar e coloque-os sobre um altar. Coloque uma vela azul-celeste no centro do altar e acenda-a.

Como você vai começar a abordar a divindade aqui vai depender de por onde está transitando ou em qual direção está indo, dependendo de seus próprios pontos de vista. Você pode querer começar dizendo "Deus" ou "Grande Espírito" se estiver mudando do monoteísmo para o politeísmo. Você pode querer dizer "Senhor e Senhora" se estiver simplesmente mudando de panteão.

Quando estiver pronto, olhe para as imagens em seu altar e diga as seguintes palavras:

> (DEUS/GRANDE ESPÍRITO/SENHOR E SENHORA), PERDOE TRÊS COISAS QUE SÃO DEVIDAS À MINHA CONDIÇÃO HUMANA:
>
> VOCÊ NÃO TEM FORMA, NO ENTANTO, DOU-LHE ESSAS FORMAS AQUI NO MEU ALTAR (passe a mão em um gesto de varredura diante das imagens).
>
> VOCÊ NÃO TEM NOME E, NO ENTANTO, EU AGORA O CHAMO (dê nomes de divindades para cada imagem enquanto estende sua mão, a palma voltada para cada estátua, uma de cada vez).
>
> VOCÊ EXISTE EM TODOS OS LUGARES E EM TODOS OS TEMPOS, MAS EU O VENERO AQUI E AGORA.

Uma modificação desta técnica também pode ser usada ao mudar de uma divindade patrona para outra. Por exemplo, se alguém foi Sacerdote de Hécate por vários anos e agora deseja trabalhar com a Deusa Diana, esta técnica permitiria uma transição suave.

Se este for o caso, depois de selecionar uma nova imagem da Deusa, coloque a estátua em seu altar. Com os olhos fechados, visualize a forma de Hécate. Em seguida, diga:

HÉCATE, PERDOE TRÊS COISAS QUE SÃO DEVIDAS À MINHA CONDIÇÃO HUMANA:

VOCÊ TEM MUITAS FORMAS E, NO ENTANTO,
EU AGORA A VENERO NA FORMA DA DEUSA ______.
EU A CHAMEI PELO NOME DE HÉCATE,
MAS AGORA A CHAMO DE ______.
VOCÊ TEM MUITOS ASPECTOS, NO ENTANTO,
AGORA A VENERO COMO A DEUSA DE ______.

Com o tempo, você sem dúvida vai desejar modificar essas técnicas de acordo com suas opiniões pessoais. Essencialmente, o Ritual de Transição é para sua própria psique, pois as divindades estão muito além das disposições, restrições e limitações que nossas mente, coração e alma impõem a elas.

Procurando outros praticantes

É comum, com o tempo, o desejo de buscar companhia de pessoas que pensam como você. Existem várias maneiras de fazer isso, e cada uma tem seus pontos positivos e negativos. Você vai precisar fazer essa jornada com muito cuidado, discernimento, bom senso e intuição.

Verifique em sua lista telefônica se há uma loja de suprimentos ocultistas local ou uma loja de Bruxas em sua área. Esses lugares podem conectá-lo a outras pessoas envolvidas nas mesmas atividades. A maioria das lojas oferece aulas sobre vários tópicos, e isso permite que você amplie seus conhecimentos e também aumenta as chances de encontrar pessoas com as quais possa praticar a Arte. Confie na sua intuição e nas primeiras impressões ao conhecer pessoas desta forma. Não se precipite em nada, pois não há pressa. Embora a grande maioria das Bruxas sejam pessoas boas, seguras e éticas, também existem alguns indivíduos que abusam da Arte para ganho pessoal, sexo, vantagem política e gratificação do ego. Toda religião tem suas "maçãs podres" e, infelizmente, a Bruxaria não é exceção.

Além de procurar uma loja ou ponto de encontro, obtenha um exemplar do jornal local e verifique os eventos da comunidade. Veja se sua comunidade tem um programa de estudos, pois muitos têm e eles oferecem aulas introdutórias. Muitas livrarias vendem revistas que podem ser úteis em sua busca de informações e recursos comunitários.

Outra fonte de encontro com outras pessoas com interesses semelhantes é a Internet. Muitos sites têm salas de bate-papo e fóruns nos quais você pode participar. Infelizmente, uma pequena minoria de pessoas com coração amargurado e ego descontrolado frequenta a grande maioria desses lugares. Tal comportamento se enquadra na categoria de "agressivos" e é normalmente desencorajado ou simplesmente não tolerado pelos moderadores dos grupos. Infelizmente, as coisas ocasionalmente explodem, apesar das melhores intenções. Veja o capítulo doze para alguns conselhos sobre como lidar com pessoas difíceis.

Bruxas brancas, cinzas e negras

As Bruxas normalmente não se classificam umas às outras em categorias. Na verdade, Bruxos frequentemente resistem a rótulos e definições. Se você passar algum tempo entre Bruxas, vai encontrar pouco acordo sobre o que realmente constitui uma Bruxa, particularmente quando tentar separar as pessoas que afirmam ser Bruxas umas das outras. Ainda que na comunidade da Bruxaria exista um consenso acerca de quem é realmente uma Bruxa e quem é um "*wanna-be*" ou "*poser*", ainda é difícil encontrar um acordo generalizado quanto à definição de uma Bruxa "verdadeira".

Muitas pessoas tentaram categorizar as Bruxas como brancas, cinzas ou negras. Para essas pessoas, o branco equivale ao bem, o negro ao mal e o cinza ao meio termo entre os dois conceitos. Uma vez que as Bruxas não acreditam no conceito do mal como uma coisa em si, essas categorias não são tipicamente aquelas que as Bruxas usam para se identificarem umas às outras.

Visto que muitas pessoas não Bruxas usam os termos branco, cinza e preto, examinaremos os conceitos básicos para demonstrar as diferenças entre aquelas que se autodenominam "Bruxas". Uma Bruxa Branca é essencialmente aquela que realiza apenas trabalhos positivos de Magia e que não vai trabalhar contra outra pessoa por nenhum motivo. Uma Bruxa cinza é aquela que combina Magia defensiva e ofensiva em sua Arte. Tal Bruxa tende a lançar feitiços de contenção para impedir que outra pessoa execute atos prejudiciais.

A chamada "Bruxa Negra" faz Magia para ganho pessoal, independentemente das consequências ou do impacto que possa ocorrer em relação a outras pessoas. Uma Bruxa negra é alguém que lançaria um feitiço ofensivo em uma pessoa inocente tão prontamente quanto faria em um inimigo. Felizmente, a Bruxa negra constitui uma parcela muito pequena daquelas que se autodenominam "Bruxas".

Infelizmente, tudo isso reflete a natureza humana e não é exclusivo da religião. Pessoas roubam, ferem e matam umas às outras todos os dias nas ruas de nossas cidades. Como vemos no noticiário, executivos de grandes corporações trapaceiam, manipulam e fraudam pessoas como um curso geral dos negócios. Até mesmo muitos legisladores e políticos estão dispostos a violar ou abusar da confiança que todos depositamos neles. Em muitos casos, mentir, enganar, desorientar e promover "agendas secretas", tornaram-se simplesmente "fazer o negócio" da economia e da política. Eu acredito que o número e as ações de "maçãs podres" entre as Bruxas empalidecem muito em comparação.

Agora que vimos alguns dos vários aspectos de como se tornar ou ser uma Bruxa, ainda há muito a aprender. No próximo capítulo, examinaremos a espiritualidade da Bruxa no sentido místico. Vamos nos voltar agora para a noite de luar, quando as Bruxas chamam os céus estrelados enquanto os raios da lua as banham em boas-vindas.

5

A BRUXA AO LUAR

Nos textos antigos encontramos o termo "Bruxas Noturnas". O historiador Richard Gordon, em seu artigo *Imagining Greek and Roman Magic* (publicado na *Ankarloo and Clark's Witchcraft and Magic in Europe: Ancient Greece and Rome*) escreve que a Bruxa Noturna era lendária, em oposição ao tipo de Bruxa que uma pessoa pode realmente encontrar. Mas como Gordon admite, os *"dois se recusam a permanecer distintos"* na literatura antiga. Os poetas romanos frequentemente retratavam a Bruxa como uma figura composta: uma herbologista, adivinha e feiticeira[17].

Neste capítulo, exploraremos a espiritualidade da Bruxa. Aqui iremos descobrir o mundo interior da Bruxa, o espírito noturno que olha para a lua e vê o Outromundo. Além disso, examinaremos a "teologia" essencial da Bruxaria como religião e nos aprofundaremos mais na natureza independente e intuitiva da Bruxa.

Ao contrário de muitas religiões, os praticantes da Bruxaria normalmente não constroem templos ou prédios de igrejas físicas. Para uma Bruxa, a natureza é o templo e a igreja se estende até onde a vista alcança o horizonte em todas as direções. A Bruxa vê a santidade da criação manifestada nas árvores, rochas, montanhas, riachos, lagos e oceanos. Ele ou ela é o administrador da Natureza, uma Sacerdotisa ou Sacerdote dos Antigos Caminhos em que a veneração era ensinada.

---

17. Gordon, Richard. *Imagining Greek and Roman Magic, in Ankarloo and Clark's Witchcraft and Magic in Europe: Ancient Greece and Rome* (University of Pennsylvania Press, 1999).

O povo dos Antigos Caminhos vivia em uma causa comum com a Natureza e não procurava dominá-la, em vez disso, esforçavam-se para viver em harmonia com a ordem natural das coisas.

O centro espiritual interno da Bruxa trata de alinhamento e integração. A busca espiritual da Bruxa é descobrir o lugar e o propósito de cada um neste mundo e no próximo. A Bruxa entende que ambos os reinos compreendem a realidade maior do que realmente constitui a existência e seu propósito. O reino material e a existência dentro dele é apenas parte da equação. Assim como a mente consciente e a mente subconsciente representam diferentes aspectos de nós mesmos, os reinos material e espiritual são reflexos de uma verdade maior que envolve a alma.

Para descobrir essa "verdade maior", a Bruxa olha para os mecanismos internos da Natureza. Acreditando que os Deuses criaram os mundos (sendo, na verdade, os artistas da criação), a Bruxa examina os reinos material e espiritual em busca de sinais da natureza dos criadores. Por exemplo, em um nível mundano, uma pintura ou uma estátua revela muito sobre o artista. Podemos perceber algo sobre seu espírito e personalidade observando a composição, o uso de cores e a "sensação" geral da obra. Mesmo a paixão do artista, ou a falta dela, reflete-se em sua arte. Da mesma forma, a criação reflete os artistas por trás dela.

Bruxos fazem mais do que simplesmente examinar os mecanismos internos da Natureza; eles ou elas participam do padrão. Isso é realizado por meio de rituais que marcam as estações da Natureza. Outros rituais marcam o poder e a influência da lua e do sol. Os rituais são projetados para aproximar a pessoa dos ciclos da Natureza e para atrair e condensar a essência vital que os participantes do ritual vão absorver. Banhar-se em tal energia estabelece uma relação harmoniosa entre a energia da Natureza e as auras dos ritualistas. De uma perspectiva mágica, ser mais parecido com algo é estar a um passo mais próximo de ressoar como a própria coisa. A participação em um ritual da Natureza aproxima as Bruxas da fonte da Natureza. Venerar a Natureza, e ver dentro dela os espaços sagrados, aproxima o coração de um relacionamento saudável com a divindade dentro de todas as coisas. Para as Bruxas, a divindade é expressa tanto como uma Deusa quanto como um Deus (ver capítulo dez).

A Lua como uma metáfora espiritual

Quem nunca olhou para a lua cheia no céu noturno e sentiu a beleza de sua luz suave? Nos tempos modernos, a lua cheia é frequentemente um cenário para os amantes, como se a própria lua emanasse alguma força romântica invisível que unia os corações. A lua também fez com que os poetas escrevessem belos e assustadores versos sobre seu mistério.

Para as Bruxas, a Deusa revela coisas que estão escondidas nos cantos escuros da psique humana. Assim como a lua (seu símbolo) ilumina a escuridão da noite, a Deusa também revela o que está no fundo do coração humano. A lua é um símbolo poderoso de "iluminação nos lugares das trevas". É por isso que a flecha ou o dardo da Deusa Diana era um símbolo de um raio da lua. Com ele, Diana poderia transmitir iluminação ou "loucura" conforme julgasse apropriado. A flecha de Diana, estilizada como uma adaga, frequentemente aparece em um antigo amuleto das Bruxas feito de prata e conhecido como *cimaruta* (pronunciado *tchi-ma-ru-ta*). Os símbolos no feitiço da cimaruta declaram as conexões da Bruxa com a divindade e os reinos que estão além da dimensão física. Os símbolos na cimaruta são (dados aqui no sentido anti-horário na aparência) o galo, a adaga, a lua com uma serpente enrolada em torno dela, a chave e a flor de verbena.

O amuleto de uma Bruxa, chamado *cimaruta*, apresenta imagens que têm significado para a Bruxa.

O desenho da estrutura da cimaruta é um ramo da erva chamada "arruda".

Seu caule se divide em três ramos, ligados naturalmente aos aspectos tríplice da Deusa da Bruxaria. O amuleto de arruda como um simples ramo aparece na antiga cultura etrusca, simbolizando proteção. Na cimaruta, cada amuleto aparece como se fosse uma flor no caule da arruda. Vejamos cada símbolo.

O galo é às vezes chamado de "arauto do sol", porque canta pela manhã. Nossos ancestrais acreditavam que o sol bania ou afastava a escuridão. A noite era uma época de perigo para nossos antepassados. Animais predadores rondavam a noite, criminosos realizavam seus atos covardes e pesadelos atormentavam o sonhador. Portanto, o Sol (personificado na cimaruta como o galo) tornou-se uma figura salvadora. O galo, como amuleto, simboliza o poder de afastar os fantasmas das trevas.

A adaga que aparece na cimaruta representa o raio da lua ou raio de luar. Desde os tempos antigos, a luz da lua manteve a reputação oculta de ser uma substância mágica. Naqueles tempos, o reflexo da lua cheia em lagos como Nemi era considerado como a presença da própria Deusa da Lua. Por meio dessa conexão, a luz da lua passou a ser identificada com uma essência espiritual. A adaga cimaruta simboliza o movimento dirigido desta essência e, como observado anteriormente, é a flecha da Deusa Diana.

Não é por acaso que a adaga aponta para a lua crescente na cimaruta. Aqui, a lua simboliza, entre outras coisas, o arco de Diana. Portanto, representa seu poder ou força primordial. Nos tempos antigos, a lua era fortemente associada às Bruxas e à Bruxaria.

Poetas romanos como Horácio escreveram que as Bruxas entoavam cânticos que podiam "puxar a lua do céu". Era uma crença popular nos tempos antigos, quando as Bruxas capturavam alguns dos raios da lua e os mantinham em uma caixa, que mais tarde era usada para adicionar poder à sua Magia.

A antiga visão da lua era centrada nela surgindo de debaixo da terra (pois assim parecia) e afundando de volta na terra quando sua jornada pelo céu era concluída. Nos tempos antigos, as pessoas acreditavam que sob a terra existia um grande Submundo, onde as almas dos mortos iam morar. Deste conceito surgiu uma associação entre a lua e os mortos. Uma crença muito antiga afirmava que, conforme as almas partiam deste mundo, a Lua as reunia. Conforme o número de almas crescia e era recebido pela Lua, ela ficava cheia. Enquanto as almas reencarnavam de volta ao mundo dos vivos, a luz da lua diminuía de acordo.

A serpente da cimaruta aparece enrolada em volta da lua. Aqui ele representa a Deusa Prosérpina, a Deusa da Noite e do Mundo Inferior. Embora o nome dela seja a forma romana da Perséfone grega, elas não são Deusas idênticas. Escritores antigos, como Lucano, referem-se a Prosérpina como o "último e o mais baixo" dos três aspectos de Hécate. O nome dela é derivado do latim *serpere*, "rastejar" ou "arrastar", acrescentando o prefixo *proserpere*, significando "rastejar para frente".

Prosérpina foi identificada com a lua e a serpente, porque ambas desaparecem na terra e aparentemente mudam de forma em seu movimento geral. Na cimaruta, Prosérpina é estilizada como uma serpente movendo-se ao longo da borda de uma lua crescente. Na arte antiga, Prosérpina é frequentemente retratada montada em uma criatura marinha, da qual ela segura a cauda em sua mão. O golfinho é associado a Prosérpina – ela é frequentemente mostrada cavalgando em direção ao Mundo Inferior. Em algumas formas de feitiço da cimaruta (variando de região para região), o peixe simboliza a Prosérpina.

A chave que aparece na cimaruta é um símbolo dos mistérios ocultos e do poder de abri-los ou barrá-los. A chave também está associada à Deusa Hécate e é um de seus símbolos. Com efeito, a chave representa as forças minguantes e crescentes que giram a fechadura que prende ou liberta a lua em cada fase. A presença da chave também sugere "aquele que possui a chave", o guardião dos mistérios.

O último amuleto da cimaruta é a flor da verbena que, na antiga tradição das plantas, era uma erva sagrada para o Povo das Fadas. No folclore europeu, a fada e a Bruxa muitas vezes aparecem como seres semelhantes e, em alguns casos (como a *donna di fuora*, "dona de fora" encontrada na tradição siciliana), há pouca ou nenhuma diferença entre eles. A fada, assim como a figura da Bruxa, também é uma guardiã das portas entre os mundos. Em muitas lendas das fadas, as portas para o reino dos *Fay* ficam no oco das árvores ou escondidas em um monte de terra.

Nas crenças antigas, era a fada que cuidava da natureza, gerava o broto, vitalizava o caule e abria a flor. O Povo das Fadas operava o mecanismo interno da Natureza e o protegia contra intrusos prejudiciais. A Bruxa e a fada estabeleceram um pacto de administração e tutela, com ambas em lados opostos da fronteira do "mundo entre os mundos".

Quando olhamos para a cimaruta como uma imagem composta, descobrimos que ele fala das alma da Bruxa. No galo, vemos a Bruxa como aquela que dissipa os fantasmas da ilusão. A adaga revela que a Bruxa é um canal para as forças mágicas da Lua. O símbolo da lua mostra a força primordial que dá poder à Bruxa. A serpente é um lembrete da Bruxa em relação aos reinos que estão além do mundo mundano da humanidade. Na chave, a Bruxa é vista como alguém que guarda a porta e que possui os segredos internos escondidos do profano. A flor da verbena é um sinal da aliança duradoura com a Bruxa como administradora da Natureza.

Sob a luz da lua

Antigos escritores romanos, como Horácio, escreveram sobre as Bruxas "puxando" a lua do céu. Na verdade, a literatura da Bruxaria descreve uma relação íntima entre a Lua e as Bruxas. É claro que existe há muito tempo uma crença sobre as Bruxas obterem poder vindo da luz da lua.

Em *Aradia: o Evangelho das Bruxas (1899)* encontramos uma referência às Bruxas reunidas sob a lua:

> Sempre que precisardes de algo, uma vez por mês, quando a lua estiver cheia, reuni-vos em algum local secreto, ou em assembleia num bosque, para adorar o poderoso espírito de sua rainha, minha mãe, a grande Diana. Aquele que de bom grado aprendeu toda a Magia, mas que ainda não domina seus mais profundos segredos, minha mãe irá ensinar, na verdade, ela ensinará todas as coisas ainda desconhecidas. E sereis libertos de qualquer escravidão e assim livres em tudo; e como sinal de que sois verdadeiramente livres, deveis comparecer nus em seus ritos, tanto homens quanto mulheres...

LELAND, CHARLES G. *Aradia: O Evangelho das Bruxas.*
Samuel Weiser Inc., New York, 1974.

A lua cheia atraia algo no espírito humano já no período Neolítico, se não muito antes. Imagens da Lua exibindo um círculo completo, flanqueado por crescentes à esquerda e à direita, aparecem na arte primitiva já em 4500-4300 AEC. Uma serpente enrolada flanqueada por essas formas crescentes também aparece durante o mesmo período e, como observado anteriormente, uma das Deusas associadas à Bruxaria (Prosérpina) está intimamente ligada à serpente.

Vários escritores da era clássica escreveram que a luz da lua tornava as plantas e animais férteis. Acreditava-se que o orvalho da manhã em si era uma água mágica deixada pelo luar, e uma crença da Magia popular sustentava que uma mulher podia se tornar fértil dormindo nua em uma campina sob a lua cheia e acordando coberta pelo orvalho da manhã. É interessante notar que, na região do Mar Egeu/Mediterrâneo a Deusa da Lua também era conhecida como "aquela que é Orvalhada".

A Deusa da Lua era originalmente adorada em bosques onde um lago ou uma nascente podiam ser encontrados. Ela também era adorada em uma gruta onde a água saía de entre as rochas. Suas Sacerdotisas tinham a responsabilidade de cuidar da água sagrada dentro do bosque ou da gruta. Tradicionalmente, um fogo sagrado era cuidado, o qual representava a própria luz da lua, e esse fogo não podia se apagar, devido a uma antiga crença de que a Deusa da Lua era a luz do próprio fogo.

Conforme observado no capítulo dois, nos tempos antigos, acreditava-se que o fogo estava latente na madeira. A segurança do Fogo Divino exigia um amplo suprimento de madeira sagrada, que era seca e era mantida à disposição no bosque ou na gruta da Deusa da Lua. Mais tarde na história, as lâmpadas substituíram a necessidade de madeira, mas o elo nunca foi realmente rompido, porque o combustível da lâmpada muitas vezes era o óleo extraído das oliveiras.

Há uma lenda interessante em que a Deusa Diana é contrabandeada para fora da Grécia dentro de um feixe de ramos de oliveira e entregue ao Lago Nemi, na Itália. Assim, Diana era a chama latente dentro da floresta, esperando o renascimento em seu novo bosque. O feixe de galhos em que ela chegou foi o primeiro suprimento de suas tochas sagradas do bosque. A Deusa da Lua, como um ser mitológico, pertence à classe de divindades portadoras de tochas que sempre estiveram conectadas de alguma forma com o Mundo Inferior. A conexão do Submundo ligava a Deusa da Lua aos destinos e assim o poder da adivinhação era concedido a seus adoradores pela própria luz da lua e pelas tochas que representavam essa luz. Até os dias atuais muitas Bruxas realizam adivinhação à luz de velas.

As razões essenciais pelas quais as Bruxas se reuniam originalmente sob a lua cheia estão relacionadas à luz da lua. Assim como a chama dentro da madeira pode ser despertada (a Deusa dentro), também a "luz interior" ou o espírito dos adoradores, podem ser despertados pela lua cheia. Embora a antiga crença sustentasse que a luz da lua cheia poderia transmitir fertilidade, a fecundidade que eles desejavam não era apenas do corpo, mas também da mente e do espírito. Isso se reflete em uma das orações rituais de encerramento tradicionais de uma cerimônia de lua cheia:

> [...] quando nossos corpos repousam à noite, fale com nosso espírito interior, ensine-nos todos os Seus Santos Mistérios. Eu acredito em Sua antiga promessa de que nós, que buscamos Sua Santa Presença, receberemos Sua sabedoria. Contemple, ó Deusa Antiga, nós nos reunimos sob a lua cheia nesta hora marcada. Agora a lua cheia brilha sobre nós. Ouça-nos. Lembre-se de sua antiga promessa [...]

A Bruxa como Sacerdotisa

Como mencionado anteriormente neste livro, a Bruxa é um dos Filhos Ocultos da Deusa, um segredo dos poucos escolhidos. Sabemos que em todo o mundo as comunidades primitivas tinham sua figura de xamã, curandeiro ou feiticeiro. Eram indivíduos que possuíam certas qualidades que faziam com que os outros membros da tribo considerassem que estavam em contato com o mundo espiritual. Algo sobre esses indivíduos também os fazia parecer ter certos poderes que o membro médio da tribo não possuía ou demonstrava. Em muitas regiões da Europa, essa figura era a Bruxa.

Não é necessário nenhum salto de lógica para concluir que a Bruxa, uma pessoa em comunicação com o reino espiritual, dirigiria e presidiria os rituais da comunidade. Esse papel evoluiu com o tempo, tornando a Bruxa uma figura Sacerdotal. O antigo conto da Bruxa Medeia, retratando-a como uma Sacerdotisa de Hécate, é um exemplo que sustenta a existência desse tema como sendo de grande antiguidade.

As Bruxas, assim como os Bruxos, são as Sacerdotisas e os Sacerdotes dos Antigos Caminhos, um termo que se refere a práticas e crenças que estão em harmonia de acordo com a Natureza e seus segredos ocultos. A Bruxa também é uma Sacerdotisa da Lua, que é um símbolo de iluminação da escuridão que esconde e obscurece tudo o que envolve. A luz da lua revela a forma das coisas escondidas na escuridão. A Bruxa, como agente da lua, é aquela que vê à noite e pode discernir o oculto e o obscuro. Foi por essa razão que as pessoas procuraram a Bruxa como uma vidente.

Além da conexão celestial, a Bruxa também é uma Sacerdotisa dos antigos Deuses do campo e da floresta. O Deus Cornífero da fertilidade e o espírito das florestas, conhecido como "Homem Verde", ainda são reverenciados pelos Sacerdotes e Sacerdotisas dos Antigos Caminhos. Nos tempos modernos, foi sugerido que as Bruxas são o clero da comunidade Pagã. Se isso for verdade hoje, então simplesmente reflete o antigo papel da Bruxa em sua comunidade.

Ao contrário de muitas outras religiões, o Sacerdote não faz a mediação entre a divindade e o adorador. Na Bruxaria como religião, o papel do Sacerdote é mais um relacionamento pessoal ou dedicação à divindade do que um ofício em si. Devido a essa perspectiva, a maioria das Bruxas com o tempo se tornará uma Sacerdotisa.

Em muitas Tradições, a Sacerdotisa e o Sacerdote atuam como conselheiros em sua comunidade. O Sacerdote também servirá normalmente como um facilitador durante as ocasiões rituais do ano e nas luas cheias mensais. Na maioria dos casos, o Sacerdote será dedicado a um Deus e Deusa específicos, embora alguns indivíduos prefiram usar os termos "a Deusa" e "o Deus" em vez de personificar o conceito usando qualquer nome específico relacionado a qualquer cultura particular.

Outra função que o Sacerdote desempenha é garantir o giro da Roda do Ano. Conforme observado anteriormente, a Roda do Ano é uma fase que se refere aos ritos sazonais da Bruxaria. Quando examinamos as crenças antigas, descobrimos que nossos ancestrais pensavam ser necessário ajudar em coisas como o retorno do calor do sol quando o inverno chegava, o retorno da primavera e a fertilidade das plantas e animais. Essa visão de mundo resultou na tradição das Bruxas "Girando a Roda" por meio do desempenho ininterrupto dos oito ritos sazonais.

De acordo com uma antiga lenda, uma Bruxa cresce em poder realizando os rituais de Bruxaria. A devoção ininterrupta aos rituais da lua cheia e aos ritos sazonais conferia (e mantinha) os poderes da Bruxa.

A seguir, veja uma lista dos lendários poderes da Bruxa.

- Trazer sucesso em questões de amor.
- Abençoar e consagrar.
- Falar com espíritos.
- Descobrir coisas escondidas.
- Invocar espíritos.
- Conhecer a voz do vento.
- Ter o conhecimento da transformação.
- Ter o conhecimento da adivinhação.
- Conhecer e compreender os sinais secretos.
- Curar doenças.
- Trazer à tona o glamour da beleza.
- Ter influência sobre os animais selvagens.
- Conhecer os segredos das mãos.

A voz do vento

Há uma antiga crença na Bruxaria de que as pessoas podem ser "ensinadas pelo espírito" ao ouvir a "voz do vento". Este termo denota várias coisas relacionadas aos princípios da Bruxaria. É frequentemente usado quando se fala de habilidades intuitivas/psíquicas e quando se refere a uma pessoa que se sente dirigida, inspirada ou a alguém que "canaliza" um espírito/entidade que fala diretamente através do indivíduo. Ouvir a voz do vento às vezes é usado para indicar que uma pessoa ouve as vozes de espíritos ou das fadas.

O termo "voz do vento" também pode significar que uma pessoa acessou os Registros Akáshicos e está acessando memórias antigas. Registros Akáshicos é um termo que se refere a um plano magnético/etérico no qual os padrões de energia de tudo o que aconteceu em nosso planeta estão impressos dentro do manto magnético que circunda a Terra. Isso não é diferente dos dados armazenados em discos magnéticos de computador.

Os ocultistas acreditam que as marcas de energia contidas nos Registros Akáshicos podem ser acessadas por métodos mágicos e psíquicos. No ocultismo, os Registros Akáshicos são frequentemente vistos como uma imensa biblioteca contendo os registros coletivos das eras que se passaram na Terra. O conhecimento espontâneo pode ser transmitido a qualquer pessoa que aproveite com sucesso os padrões gravados e armazenados magneticamente.

O mundo entre os mundos

Na Bruxaria, existe uma velha crença sobre a existência de um reino entre o mundo dos vivos e o mundo que está além. Lançar um círculo ritual mágico de acordo com os métodos prescritos pode criar um ponto de acesso a esta antessala ou corredor. Em algumas Tradições, diz que o próprio círculo, uma vez lançado corretamente, fica entre os mundos.

Algumas Bruxas acreditam que este lugar é o reino elemental onde moram os espíritos da Terra, do Ar, do Fogo e da Água (veja o capítulo oito). Outros acreditam que é um reino que fica entre os reinos elemental e astral. O primeiro conceito pode se originar de uma crença na "porta das fadas" do folclore europeu. As fadas costumam ser identificadas com os espíritos elementais e pode ser difícil distinguir entre os dois na tradição popular.

O valor da existência de um "mundo entre os mundos" reside na crença de que a Magia é mais eficaz quando criada diretamente neste reino. A atmosfera deste reino não está contaminada com a descrença e o ceticismo encontrados no mundo da humanidade. Portanto, o poder da Magia não é prejudicado por nenhuma dúvida em sua existência.

Estar entre os mundos coloca a pessoa na posição única de não estar inteiramente sujeita às leis e modos de qualquer um dos sete planos de existência: Superior, Divino, Espiritual, Mental, Astral, Elemental e Físico. Isso permite uma certa liberdade de experimentação que poderia ter efeitos duradouros em qualquer outro reino. O mundo entre os mundos é, na verdade, o seu próprio universo microcósmico sobre o qual você preside. Para obter mais informações sobre esses planos, consulte o capítulo nove.

A Bruxa como guerreira espiritual

Pode-se dizer que a Bruxa mora entre os mundos, pois ela é aquela que vive tanto no mundo mundano quanto no chamado "mundo sobrenatural". A Bruxa ou o Bruxo é, entre muitas coisas, um guerreiro ou guerreira espiritual em uma busca sagrada. Ele ou ela carrega as armas de um cavaleiro místico. Em um sentido metafórico, o Cálice da Bruxa é o elmo, o Pentáculo é o escudo, o Bastão é uma lança e o Athame é uma espada. A missão da Bruxa é descobrir seu lugar nos três grandes mistérios, que são discutidos em detalhes no capítulo nove.

No cerne do guerreiro espiritual está o código pessoal e a determinação inabalável de manter o que se acredita ser certo. A mentalidade da Bruxa como guerreira espiritual é melhor resumida nas palavras-chave mestras: SABER, QUERER, OUSAR E CALAR.

SABER é a base do conhecimento, e a opinião e a perspectiva de uma pessoa devem ser informadas. Portanto, a Bruxa deve fazer mais do que satisfazer a mera curiosidade a respeito de qualquer assunto de interesse. Ele ou ela deve estudar não apenas o assunto em si, mas também aquelas coisas que se relacionam com os conceitos que enriquecem a compreensão do assunto.

QUERER é perseverar sem ceder à derrota ou ao desânimo. O guerreiro espiritual deve trilhar seu caminho, apesar dos obstáculos e dificuldades.

Para OUSAR, a Bruxa deve estar disposta a aceitar os riscos de desfavor e maus-tratos que surgem dos adversários. O guerreiro espiritual deve ser fiel ao caminho que percorre, seja a estrada plana e segura ou arriscada e coberta de armadilhas.

E para CALAR, o guerreiro espiritual deve simplesmente falar suas verdades, sem discussão ou agenda oculta.

Os três corpos

Existe a crença de que somos compostos essencialmente de três "eus" interiores: o inferior, o médio e o superior. O Eu Inferior está preocupado com os aspectos mundanos da existência física. Em outras palavras, o Eu Inferior supervisiona tudo o que os cinco sentidos físicos e necessidades emocionais trazem para nossas vidas. O Eu Médio é onde nosso intelecto e individualidade se expressam. Ele pode ceder às demandas e desejos do Eu Inferior, comprometer/negociar com ele ou se esforçar para controlá-lo e direcioná-lo tanto quanto possível. O Eu Superior é a presença da alma e sua conexão com a divindade ou a "centelha divina" dentro de nós.

Todos os três aspectos do *self* têm suas necessidades e requisitos únicos. Quando estes não são atendidos, o resultado é um desequilíbrio, que por sua vez cria desarmonia e afeta o estado espiritual de uma pessoa. Sempre que isso ocorre, um ou mais corpos reagem. Dependendo de qual corpo está em desequilíbrio, o humor ou a disposição do indivíduo podem flutuar. O objetivo aqui é chamar a atenção do indivíduo para que ele tome medidas corretivas para restaurar o equilíbrio. Para a Bruxa, a caminhada espiritual tem tudo a ver com equilíbrio.

A Bruxa entende que tudo, tanto no nível material quanto espiritual, está interconectado. Quando uma coisa muda, isso cria uma onda que muda tudo o mais. Portanto, a Bruxa sente que é vital viver e agir de acordo com a Natureza. Aqui, a Bruxa participa da vida ao invés de ser uma vítima dela.

No cerne do código da Bruxa está a aceitação da responsabilidade por suas próprias ações. Bruxas não culpam outras pessoas pela situação de sua vida. Elas entendem que toda ação pessoal ou falta de ação causa ou permite que algo se manifeste. Portanto, o indivíduo, em última análise, molda sua vida.

Vamos agora para o próximo capítulo explorar como a Bruxa vive e trabalha no mundo mundano da vida cotidiana no planeta Terra.

6

A BRUXA À LUZ DO DIA

Qualquer pessoa ficaria muito surpresa ao descobrir que seu carteiro, oficial de polícia de bairro, médico socorrista, professor ou advogado é um Bruxo ou Bruxa praticante. No entanto, é verdade que Bruxas podem ser encontradas (e são encontradas) nessas e em outras profissões. Alguns adeptos também servem nas forças armadas, defendendo a liberdade e a segurança de sua nação.

Uma das liberdades em que as Bruxas acreditam fortemente é a liberdade de religião. Para a Bruxa, a liberdade religiosa inclui todas as religiões, sejam elas cristãs, islâmicas, budistas, judaicas, Pagãs ou outra qualquer. Infelizmente, ainda existem muitos lugares no mundo onde as Bruxas não podem expressar publicamente sua religião devido à ignorância que frequentemente cerca o assunto da Bruxaria.

A informação é muito importante e muitas Bruxas trabalham arduamente para dissipar as visões errôneas que são promovidas (intencionalmente ou não) pela mídia, programas de televisão, filmes e por certos grupos religiosos que se consideram os únicos adoradores corretos do único e verdadeiro "Deus". O preconceito e os interesses pessoais costumam estar no centro da perseguição às Bruxas.

Em sua maioria, as pessoas não Bruxas cresceram com a imagem de conto de fadas da Bruxa malvada e mais tarde se depararam com a noção da "Bruxa má" descrita pela Igreja Cristã durante a era da Inquisição. Aqui, a Igreja sancionou a tortura de qualquer suspeito de praticar

Bruxaria, bem como a morte de qualquer pessoa que fosse condenada pela acusação. Ironicamente, a grande maioria desses indivíduos não era de Bruxos, por qualquer definição da palavra. Foram simplesmente vítimas da intolerância religiosa.

Com o lançamento do filme O Mágico de Oz, a pessoa comum foi apresentada pela primeira vez ao conceito de uma "Bruxa boa" e uma "Bruxa má". Na realidade não existem Bruxas más ou Bruxas boas, existem apenas pessoas boas e pessoas más. Isso ocorre, porque a religião por si só não pode fazer de você uma pessoa boa ou má. Lamentavelmente, as ações de alguns podem refletir negativamente sobre o todo, e isso não é exclusivo das Bruxas e da Bruxaria. Nos noticiários, encontramos ministros evangélicos que são pegos com prostitutas, padres católicos molestando crianças e assim por diante. Esses atos não são sancionados pela religião que esses indivíduos professam praticar, são ações isoladas desses indivíduos.

As Bruxas, como a vasta maioria das pessoas religiosas, são essencialmente boas pessoas que têm empregos, criam famílias, cumprem as leis, pagam impostos, votam e procuram viver em paz com seus vizinhos. Bruxas não sacrificam, por desejo pessoal ou credo religioso, animais ou humanos. Elas respeitam a vida e os direitos dos outros de viver suas próprias vidas sem serem molestadas. Bruxas não adoram uma divindade devotada ao mal, nem desejam prejudicar os inocentes.

Autorresponsabilidade

Um dos princípios básicos da Bruxaria é a aceitação da responsabilidade pelo comportamento, palavras e ações de alguém. Na teologia da Bruxaria, não há uma entidade que procure: tentar, enganar, desvirtuar ou desviar os praticantes de qualquer forma. As Bruxas normalmente não acreditam que a divindade cria dificuldades para testar a "fé" dos indivíduos. Também não é um princípio da Bruxaria que a divindade pune seus adoradores, nem permite que eles sofram por toda a eternidade. Em vez disso, os Deuses e Deusas da Bruxaria garantem (de muitas maneiras interessantes) que seus seguidores se confrontem e façam as mudanças necessárias para o crescimento espiritual.

As Bruxas acreditam essencialmente que as ações de uma pessoa cria uma situação de "causa e efeito" que acabará por influenciar os eventos futuros que cercam o indivíduo que iniciou o ato. Ações positivas geram retornos positivos e ações negativas geram retornos negativos, pois na Bruxaria existe uma máxima que afirma "Semelhante atrai semelhante".

Bruxas não se esforçam no intuito de viver de determinada maneira para obter recompensas, nem evitam certos comportamentos para evitar penalidades. Elas vivem de acordo com um código pessoal de honra e um senso prático do que é um comportamento certo e errado em uma comunidade. As Bruxas acreditam na coexistência pacífica sempre que possível. No entanto, a maioria não é tipicamente pacifistas ou o tipo de pessoa que "dá a outra cara" por qualquer esforço de imaginação. Bruxas responsabilizam as outras pessoas por seu comportamento, assim como fazem em relação a si mesmas.

Em algumas Tradições da Bruxaria Moderna, existe um adágio conhecido como "Lei Tríplice do Retorno", que é baseado em um princípio oculto de causa e efeito. Essencialmente, qualquer ato que uma pessoa realiza vai afetá-la em três níveis: a mente, o corpo e o espírito. Vamos considerar este princípio com mais detalhes.

Imagine uma pessoa que observa um velho andando na rua. Sem saber, esse idoso perde um grande maço de dinheiro do bolso e continua a caminhar. A outra pessoa agora tem duas opções básicas: pegar o dinheiro e devolvê-lo ou pegar o dinheiro e sair discretamente com ele. O ato consciente (mente) cria uma resposta emocional dentro da pessoa. A resposta emocional desencadeia uma reação do sistema endócrino, que afeta o corpo (medo, prazer, ansiedade, etc.). Agora que a mente e o corpo foram influenciados, o despertar da energia e a reação da mente e do corpo afetam da mesma forma o espírito ou alma interior dessa pessoa. Portanto, o indivíduo foi afetado em três níveis por uma ação.

Algumas Bruxas veem a Lei Tríplice de uma maneira diferente. Esses indivíduos acreditam que uma ação é uma energia que atrai para si três vezes a intensidade da força inicial.

Em outras palavras, tudo o que se faz (bom ou mau) volta três vezes mais forte. Não há, entretanto, nenhum princípio correspondente na lei da física que corresponda a esse conceito. Basicamente falando, se você jogar uma pedra para o alto, ela desce com a mesma força com que subiu. Isso ocorre porque a atração da gravidade é igual tanto na subida quanto na descida, portanto, ela não desce com uma força três vezes maior.

Código de Ética

Em muitas Tradições de Bruxaria moderna, há um preceito chamado "A Rede" que essencialmente afirma: "*Sem a ninguém prejudicar, faça o que desejar*". Muitas Bruxas interpretam o significado deste princípio de maneira diferente. Alguns acreditam que isso significa que uma pessoa pode fazer o que quiser, desde que ninguém mais seja prejudicado como resultado. Outros acreditam que é uma diretriz para exercer cautela em nossas relações mundanas e mágicas, e não uma regra rígida. Provavelmente, existem tantas interpretações da Rede quanto número de Tradições de Bruxaria.

A versão pública original da Rede dizia: "Oito palavras a Rede das Bruxas deve respeitar: Sem a ninguém prejudicar, faça o que desejar." Vários anos depois, apareceu um acréscimo que dizia: "A menos que seja para se autodefender, a regra dos três tens de manter. No coração e na mente isso deve seguir, para um feliz encontro e feliz partir."

Nas formas mais antigas de Bruxaria, que datam da antiguidade, não existia esse conceito de Rede. As Bruxas antigas eram como criaturas indomadas que viviam livres na Natureza. Elas preferiam evitar o confronto, mas se desafiadas, tudo era possível. Se fossem encurraladas e não deixassem nenhuma via de fuga, então uma luta desenfreada era inevitável. A Bruxa era uma aliada valiosa para os amigos e uma adversária formidável para os inimigos. Seria difícil examinar qualquer cultura antiga e não encontrar essencialmente a mesma mentalidade relacionada a qualquer povo antigo.

A Bruxaria, como qualquer religião, evoluiu ao longo dos séculos e se adaptou ao ambiente cultural em que se encontrava. As Bruxas também mudaram ao longo dos anos e poucas praticam uma forma pura e totalmente inalterada dos costumes antigos. No entanto, a verdadeira e livre alma da Bruxa permanece sem algemas.

Bruxas modernas mantêm uma visão de mundo básica na qual ele ou ela opera. Seus códigos pessoais não se baseiam na "moralidade" ou na falta dela, pois são coisas ditadas pela ordem social, que exige que os indivíduos se conformem a credos externos pré-estabelecidos. Em vez disso, a Bruxa possui suas próprias verdades sinceras e não pretende seguir as verdades que outros impõem. Eu projetei os códigos apresentados aqui para capturar e refletir a alma geral da Bruxa:

- Não forço minha vontade sobre os outros, porque são as ações dos outros que exigem a resposta de minha vontade.
- Não desejo poder sobre os outros, porque sei que possuo poder pessoal e estou seguro dessa realização.
- Retorno a intenção do que me é dado ou enviado, seja bom ou ruim, porque busco me libertar do apego.
- Não prejudico os inocentes, porque meus inimigos escolhem a provocação.
- Não roubo, porque o que me pertence é o que ganhei.
- Não tiro outra vida senão para preservar a vida, porque faço parte da Natureza.
- Não coloco secretamente meu forcado na colheita de outra pessoa, porque meu trabalho é suficiente. Não há honra em um ganho imerecido.
- Não modifico minhas crenças e convicções para a conveniência dos outros ou de mim mesmo, porque confio em ser quem eu sou.
- Não minto, porque confio na verdade (em mim e nos outros).
- Onde não há verdade, cada palavra é energia desperdiçada e nunca uso indevidamente a energia.
- Não traio aqueles que amo, porque não cortaria fora minha mão, pé, nariz ou qualquer parte de mim que prezo.
- Não sou indigno de confiança, porque minha palavra, uma vez dada, é o juramento ao qual estou obrigado e nunca me traio.
- Não vivo com medo nem me prendo às minhas limitações, porque não aceito o domínio dos outros sobre a minha vida.
- Não faço o papel de vítima, porque estou muito ocupado participando de minha vida e moldando meu próprio futuro.
- Não adoro da maneira que os outros gostariam que eu o fizesse, porque a Natureza é meu primeiro e mais verdadeiro amor.
- Venero os Deuses antigos não porque eles exigem isso, mas porque meu próprio coração exige.

Administração da Natureza

Bruxas são pessoas que buscam equilíbrio em ambos os mundos, o espiritual e o mundano. Como os Bruxos se percebem como administradores da Natureza (um chamado espiritual), eles normalmente se envolvem em questões ambientais. Isso pode variar de ações simples, como reciclar o lixo acumulado em casa, até algo grandioso, como servir na linha de frente com organizações que enfrentam as corporações que veem à Terra como seu receptáculo de lixo pessoal.

Eu conheço muitas Bruxas que levam sacos de lixo para parques, praias e estradas onde pegam o lixo de outras pessoas. Algumas Bruxas se tornam ativas em organizações que trabalham para proteger recursos naturais como florestas, lagos, rios e áreas de vida selvagem. Infelizmente, todos nós vivemos em um mundo que é financeira e politicamente controlado por aqueles que olham para uma bela campina e veem apenas "terrenos não urbanizados" que seriam um bom local para um Shopping Center. Eles olham para florestas majestosas e veem produtos de papel, móveis e material de construção. Para essas pessoas, os rios são essencialmente convenientes, de baixo custo e água corrente, e os oceanos são pouco mais do que esgoto e áreas de lixo.

A Bruxa vê na Natureza o que é necessário para que a vida continue. Bruxas entendem que o que acontece com a terra acontece a todos nós. Não há separação e todos fazemos parte do projeto. Infelizmente, um pequeno punhado relativo de pessoas, movido por ganhos financeiros, é capaz de destruir as florestas tropicais que produzem a maior parte do oxigênio do mundo, contaminar o solo que produz os alimentos que comemos e poluir o ar que respiramos com toxinas.

Bruxas não consideram o ganho financeiro imediato como justificativa para destruir um mundo e roubar as gerações futuras da beleza da vida neste planeta. Talvez a vida na Terra possa continuar depois que as florestas acabarem e os corpos d'água se tornarem pouco mais do que poças e riachos químicos. Em tal mundo, cidades podem estar envoltas em bolhas ambientais contendo uma atmosfera fabricada.

Os parques temáticos desta época atrairão as pessoas, colocando-as em contato com árvores, pássaros e alguns animais variados como uma lembrança do que já foi em nosso passado distante.

Desde 1989, os cientistas estão envolvidos em um estudo significativo de sapos como um indicador das condições ambientais. Este estudo surgiu da descoberta de que a população de rãs estavam desaparecendo misteriosamente em muitas regiões do mundo, e um grande número de rãs estava aparecendo com deformidades físicas.

Os cientistas desenvolveram uma série de teorias na tentativa de explicar as deformidades. Os principais suspeitos incluem contaminação química, bem como aumento da radiação ultravioleta devido à redução da camada de ozônio. Embora algumas pessoas possam não estar preocupadas com o que acontece com as rãs, há muitos indícios de que os humanos também estão sendo afetados.

Um estudo de 1996, realizado por pesquisadores da Universidade de Minnesota (EHP 104[4]: 394-399) mostrou um aumento na incidência de anormalidade e aberração cromossômica entre crianças nascidas de trabalhadores que aplicam pesticidas em Minnesota. No oeste de Minnesota (uma importante região de cultivo de trigo, beterraba, sacarina e batata), a taxa de incidentes aumentou drasticamente para crianças concebidas na primavera, que é a época de maior aplicação de pesticidas.

Muitos dos locais em que foram descobertas rãs deformadas ficam perto de campos agrícolas que são intensamente pulverizados com pesticidas e herbicidas em certas épocas do ano. As rãs passam a maior parte de suas vidas na água e, portanto, são particularmente vulneráveis aos efeitos nocivos decorrentes da contaminação química da água. Os cientistas notaram que 60% da população de sapos em áreas agrícolas apresenta deformidades.

O fungicida *Maneb* e o pesticida *propylthiourea*, causaram malformações de membros em sapos em condições de laboratório. Existem vários outros agentes químicos conhecidos por causar graves deformidades anatômicas na vida selvagem, como altos níveis de lixiviação de selênio para as águas superficiais, o que causa defeitos nos ovos de aves limícolas e peixes. Suspeita-se que a dioxina e os produtos químicos relacionados com a dioxina (agora encontrados nos

Grandes Lagos dos Estados Unidos) causem deformações nas aves que se alimentam de peixes.

A glândula tireoide desempenha um papel significativo no controle da metamorfose das rãs. Foi demonstrado que a adição de hormônio tireoidiano à água e aos sedimentos do lago reduz bastante o número de malformações em rãs. Isso sugere fortemente que os produtos químicos sintéticos podem estar desregulando o sistema endócrino das rãs e interferindo no processo de desenvolvimento normal.

É interessante notar que o sapo e a Bruxa estão associados há muitos séculos. Ao ver a Bruxa como uma administradora da Natureza, a relação aqui parece bastante impressionante. Há muito trabalho para a Bruxa fazer relacionado à preservação. O futuro será a colheita, rica ou pobre, do que plantamos ou deixamos de plantar (literal e figurativamente) hoje.

Mesmo em pequena escala, a Bruxa pode contribuir para a preservação de muitas coisas. Plante algumas árvores, crie um jardim, construa um lago, alimente a vida selvagem e contribua de qualquer maneira que puder para organizações que trabalham para preservar a Natureza e a diversidade da vida dentro dela. Se você é uma Bruxa, ou optou por se tornar uma, então as chances são de que você reencarnou neste momento no mundo para ajudar a salvar nosso planeta.

Verifique com as organizações e agências locais se você pode ajudar a replantar áreas queimadas em incêndios florestais. Pesquise na Internet por organizações com as quais gostaria de se envolver. Se não consegue se envolver, tente motivar os outros. Divulgue seus pontos de vista sobre proteção e preservação ambiental para seus representantes governamentais.

Autodisciplina

Parte de ser uma Bruxa é o desenvolvimento dos poderes de sua mente. Isso requer esforço pessoal e autodisciplina. Duas frases muito comuns e fundamentais que aparecem na Bruxaria são "como minha vontade, assim seja" e "pela minha palavra, assim seja". Esses ditos são usados para afirmar o resultado das palavras que acabamos de dizer, como "e que meu desejo se torne realidade" e "como eu farei que seja!"

O uso de "palavra" e "vontade" reflete o conceito central de disciplina na prática da Bruxaria.

Se você já conheceu alguém com tanta determinação que nunca desiste até atingir seu objetivo, sabe como isso pode ser impressionante. Esse tipo de pessoa ganha fama e, quando ela se faz saber que está em andamento uma busca pela realização de um desejo, todos aceitam que isso aconteça. Indivíduos com conhecimento experiencial de tal pessoa frequentemente tomarão uma decisão consciente de não lutar contra ela, ou de ajudá-la, mesmo que seja apenas para economizar tempo e energia.

Em um sentido mágico, a Bruxa deve desenvolver sua vontade para que se torne uma ferramenta pessoal poderosa. Uma vez que a vontade é fortalecida a ponto de não admitir a derrota, ela pode ajudar a Bruxa em seu trabalho mágico e ritual. Quando as pessoas e os espíritos com os quais você trabalha acreditam na força de sua vontade devido a sua realidade, elas vão reagir à afirmação de que sua vontade está por trás do resultado que você deseja. Da mesma forma, a palavra da Bruxa também deve ser inabalável e, uma vez dada, deve ser seguida. Se sua palavra não significa nada para você, não significará nada para as pessoas e espíritos ao seu redor.

Mesmo não se definindo como obstinada, você pode desenvolver essa característica com o tempo. Para começar, escolha objetivos pequenos e facilmente alcançáveis. Isso pode ser algo tão simples como construir um modelo básico de plástico a partir de um kit de passatempo, ou pintar uma aquarela com indicação de cores por números. Designe dias e horários específicos para trabalhar e, em seguida, certifique-se de cumprir a programação. Uma vez que você alcançou pequenos objetivos com sucesso, em seguida, prossiga para tarefas mais complexas e difíceis. Se você for como a maioria das pessoas, ficará frustrada e vai desejar parar antes de atingir seu objetivo em algum momento. Ir além disso será o ponto de virada, então tente não se decepcionar ao se render. Você nunca pode falhar até que realmente pare de tentar.

Cumprir sua palavra é muito importante, pois ela deve ter a mesma força de sua vontade. Tenha em mente que há uma diferença entre dizer que fará isso e aquilo e dar sua palavra de que fará isso e aquilo. Dar a palavra significa que você fará o que declarou, apesar de tudo que surgir para frustrar sua intenção. Portanto, você deve deixar claro para as pessoas se está dizendo *"Eu pretendo estar lá"* em vez de *"Dou-lhe minha palavra que estarei lá"*. Uma das maneiras mais fáceis de cumprir sua palavra é nunca a dar, a menos que você saiba com certeza que pode cumpri-la.

Outra parte da elaboração da autodisciplina é abraçar algo como ioga, arco e flecha, artes marciais ou o domínio de um instrumento musical, etc. A chave aqui é fazer deste um exercício espiritual que é mais sobre desenvolver "você" do que sobre se tornar bom no que escolhe fazer.

Em algum momento, você pode desejar adicionar um elemento espiritual mais profundo relacionado à autodisciplina. Um exemplo seria ter aulas e aprender a tocar flauta como uma oferenda ao Deus e à Deusa. Depois de se tornar bom com a flauta, você só a tocará para fins rituais, mágicos ou devocionais. Desta forma, sua música é sempre uma oferenda íntima e especial.

Uma vida abundante

Ao contrário de algumas das outras religiões do mundo, a Bruxaria não defende uma vida de pobreza ou desapego dos bens materiais. A maioria das Bruxas acredita na fecundidade e em uma vida feliz, próspera e cheia de propósito. No entanto, a Bruxaria não é um caminho dedicado a riquezas, poder e fama. Em vez disso, é uma religião dedicada a manifestar todo o potencial de todos os seus praticantes, tanto no nível material quanto no espiritual.

Como Bruxa, é muito importante que você mantenha uma visão positiva do presente e do futuro. Tente evitar usar a palavra "não posso" para descrever seus objetivos ou habilidades. Por exemplo, se você não está confiante em suas habilidades artísticas, não diga "não consigo desenhar" ou "não consigo pintar". Em vez disso, use a frase "no momento não tenho experiência para desenhar bem". Aplique esta filosofia geral aos seus objetivos também.

O velho ditado, "semelhante atrai semelhante", ilustra bem um importante princípio mágico. O que isso significa é que coisas de natureza semelhante se atraem. De uma perspectiva metafísica, esta fórmula prevê que qualquer energia específica é atraída para outras formas de energia com as quais está em harmonia.

Portanto, em um sentido simplista, a energia negativa atrai mais energia negativa e a energia positiva atrai mais energia positiva. Falando magicamente, os pensamentos são coisas por si só e têm uma vibração energética própria. O que quer que pense – bom ou ruim – mais do mesmo será atraído para si mesmo.

Você pode ajudar a criar abundância, sucesso e prosperidade em sua vida decorando sua casa com símbolos que refletem seus objetivos e desejos. Escolha temas de cores verdes para representar o crescimento. Castanhos claros e bege criam estabilidade e base. Azul-claro a médio é bom para paz e harmonia. Evite amarelo e vermelho em casa, pois são estimulantes e tendem a prejudicar as qualidades de recuperação do coração e do lar.

As estátuas de divindades agrícolas associadas aos grãos são boas opções para a decoração da casa e o foco do altar. As divindades da fertilidade também devem ser colocadas em casa. Evite colocá-los na área oeste de sua casa, pois o Oeste está associado à partida. O Leste ou o Norte são boas opções de ganho.

Para aumentar seu foco no sucesso e na prosperidade, monte um santuário pessoal na área leste de sua casa. Pode ser uma prateleira, mesa ou qualquer superfície plana. Seu santuário da prosperidade deve conter uma vela verde para você acender todos os dias como uma afirmação de sua participação em seu próprio sucesso e ganho. Coloque três moedas no santuário para simbolizar o ganho material. Defina um pequeno suporte para conter grãos secos. Isso vai simbolizar crescimento e renovação. Reabasteça os grãos uma vez por mês, quando a lua estiver cheia.

Qualquer amuleto de boa sorte que você encontrar ou receber deve ser colocado em seu santuário. Você pode até colocar uma mensagem encorajadora de "biscoito da sorte" no seu local sagrado. Em essência, o santuário se torna um ponto focal para afirmar seus objetivos e permanecer focado nos sentimentos de energia boa e produtiva. Você deve passar alguns momentos, todos os dias, conectando-se mentalmente com o seu santuário e sua simbologia.

É importante compreender que seus pensamentos têm um efeito cascata. Eles não apenas influenciam sua disposição geral, mas também afetam a energia de sua aura, que é o campo de energia que circunda seu corpo físico. A aura emana um campo de energia que é o acúmulo (em qualidade vibratória) de seu estado mental, físico e espiritual de ser. Portanto, você vai descobrir que pessoas e situações que possuem o mesmo tipo de vibração de energia serão atraídas para o seu lado. Isso é algo que você pode mudar ou encorajar conforme necessário ou desejado. Consulte o capítulo nove para obter mais informações sobre este princípio.

As artes da Bruxaria

Para completar seu treinamento preliminar como Bruxa, é aconselhável estudar uma ou mais das artes tradicionais da Bruxaria. Essas artes incluem fitoterapia, tarô, quiromancia, contemplação do cristal, magia e preparação de óleos e incensos. Além dessas, você também pode, em algum momento, querer incluir outras artes relacionadas, como fabricação de ferramentas rituais, mantos de costura, fabricação de velas, criação de bonecos e fazer amuletos ou outras joias rituais.

As artes tradicionais da Bruxaria se enquadram nas categorias de adivinhação, cura e trabalho espiritual. Essas práticas atemporais trouxeram a Bruxa à arena pública como conselheira, orientadora e clériga. Na tradição oral da Bruxaria, as Bruxas eram as mulheres sábias e homens sábios locais que eram procurados para curar doenças, fazer poções e amuletos mágicos, prever o futuro e apaziguar espíritos do Outromundo.

Muitos Bruxos modernos servem suas comunidades realizando adivinhação com cartas de tarô, runas ou quiromancia. A loja de ocultismo comum ou "Loja de Bruxas" normalmente terá um "leitor" disponível para o público. A maioria das Bruxas oferece mais do que apenas a leitura e interpretação das cartas, runas ou linhas da mão. A Bruxaria frequentemente vai guiar a pessoa que está fazendo a leitura a uma compreensão de seu papel no estado das coisas e vai sugerir maneiras de melhorar as coisas de um jeito saudável.

Agora que vimos alguns elementos que as Bruxas usam para se comunicar com o Outromundo, vamos para o próximo capítulo para explorar as ferramentas clássicas da Bruxaria.

7

AS FERRAMENTAS DA BRUXARIA

Na religião da Bruxaria, certas ferramentas são usadas para propósitos rituais e mágicos. Essas ferramentas tradicionais incluem uma lâmina chamada "Athame", um prato conhecido como "Pentáculo", um "Bastão" e um "Cálice". Em algumas Tradições, um pequeno "Açoite" e uma "Espada" também são usados.

O uso de tais ferramentas parece ser bastante antigo e é encontrado no antigo culto de Mitras. Como o autor Robert Turcan observou em seu livro *The Cults of the Roman Empire*, as ferramentas simbólicas do mitraísmo eram o Bastão de comando, a Taça de libação, o Prato, a Faca em forma de meia-lua, a Espada e o Chicote do sol. Os principais rituais do mitraísmo giravam em torno de uma refeição sacramental, o que também é verdadeiro para os rituais primários de Bruxaria[18].

Os rituais de Bruxaria são realizados em grandes círculos marcados no chão. Os círculos tradicionais mediam 5,48 m de diâmetro, enquanto muitos círculos modernos medem cerca de três metros de largura. Na Bruxaria Moderna, o Círculo Ritual é frequentemente referido como "espaço sagrado". O círculo é sempre lançado no sentido horário, usando o Athame ou o Bastão para traçar ao longo da borda do círculo. Este movimento é chamado *deosil*, o que significa "mover-se com o sol". Quando um ritual é concluído, o círculo é traçado

---

18. Turcan, Robert. *The Cults of the Roman Empire* (Blackwell, Cambridge, Mass., 1996).

novamente, mas desta vez em um movimento anti-horário. Este movimento é chamado *widdershins*, o que significa "contra o sol".

O altar é colocado no centro do círculo ou próximo a ele. O altar em si é um ponto focal, um lugar de reverência por meio do qual se pode abordar sua compreensão individual da divindade. Em algumas Tradições, o altar é orientado para o observador de forma que ele fique voltado para o Leste, e em outras Tradições a orientação é para o Norte.

Tradicionalmente, o altar das Bruxas é redondo, simbolizando os ciclos da Natureza. Na Bruxaria Moderna, muitas Bruxas usam altares retangulares, simbolizando o Submundo e o Mundo Superior sustentados por colunas de luz e escuridão. Algumas Tradições usam um altar cúbico, representando os quatro elementos da criação unidos em harmonia. Nos tempos antigos, grandes rochas planas eram usadas como altares, assim como tocos de árvores. Algumas pedras eram grandes o suficiente para uma mulher se reclinar, servindo simbolicamente como o altar vivo da própria Deusa.

A montagem do altar é uma parte importante de qualquer ritual. Deve ser realizado com foco e concentração nos significados internos à medida que cada item é colocado no altar. Na verdade, a Bruxa está criando seu próprio microcosmo do Universo à medida que as ferramentas são colocadas sobre o altar. Em um sentido mágico, o altar serve como "bateria" para o ritual ou trabalho mágico em questão. Um altar bem estabelecido serve como um catalisador para os estados mágicos de consciência necessários para rituais eficazes.

O altar das Bruxas é borrifado com água purificada contendo três pitadas de sal. A fumaça do incenso (como sândalo ou jasmim) é passada sobre o altar para purificá-lo ainda mais. Muitas Bruxas modernas usam bastões de manchas de sálvia. A Bruxa fala em voz alta a intenção de erigir um altar, purificá-lo e verbalmente dedicá-lo a um propósito ritual específico e a um nome de divindade.

Tradicionalmente, um pano preto é estendido sobre o altar para simbolizar a escuridão da procriação, a partir da qual todas as coisas se manifestam. Uma vela representando a Deusa é colocada na seção superior esquerda do altar. Outra vela, agora para representar o Deus, é colocada na seção superior direita. Estátuas da Deusa e do Deus são colocadas ao lado dessas velas de acordo. Isso retrata a presença do

Deus e da Deusa supervisionando o processo de criação refletido na configuração do altar, conforme ele prossegue. Consulte o apêndice três para obter mais informações.

As ferramentas rituais são dispostas no centro do altar de acordo com sua natureza elementar. Aqui, eles formam um círculo com o Pentagrama na seção superior, o Bastão à direita, o Athame na parte inferior e o Cálice à esquerda. Em algumas Tradições de Bruxaria, a atribuição elementar das ferramentas difere daquelas fornecidas aqui. Portanto, o padrão de disposição das ferramentas seria diferente.

Além das ferramentas clássicas, um altar básico normalmente incorpora um incensário, um abafador de vela, um recipiente com água purificada, um sino ritual de prata e decorações associadas à estação do ano. Geralmente, as ferramentas são organizadas de acordo com o gosto pessoal e talento para o design.

Os altares da primavera são frequentemente adornados com flores. Os altares de verão são decorados com frutas e uma variedade de flores. Os altares de outono são frequentemente decorados com pinhas, bolotas ou símbolos da colheita. Os altares de inverno costumam ser ornamentados com coroas de azevinho e outros simbolismos tradicionais de Yule.

Sobre as ferramentas

A primeira representação pública das quatro ferramentas (que aparecem juntas em um contexto mágico/ritual), encontra-se no baralho de Tarô italiano do século 15, agora conhecido como baralho Cary-Yale Visconti. Com exceção do Cálice, essas ferramentas rituais também aparecem em um livro medieval de Magia Cerimonial conhecido como *A Chave de Salomão.* É interessante notar que, na casa de uma Bruxa chamada Laura Malipero (Veneza, 1640), acusada de "Bruxaria", uma cópia de *Key of Solomon* (no original em inglês) foi descoberta, assim como um livro de feitiços pessoal no qual ela estava copiando várias seções da *Chave de Salomão.* As quatro ferramentas usadas na Bruxaria constituem um conjunto de implementos espirituais para fins religiosos e rituais. No ocultismo, certas virtudes são atribuídas às ferramentas rituais. O Pentáculo é o escudo do valor. O Bastão é a lança da intuição. A lâmina é a Espada da razão e o Cálice é a fonte da compaixão. Nessa visão, as quatro ferramentas tornam-se as armas do cavaleiro ou do guerreiro espiritual (ver capítulo cinco).

As quatro ferramentas da Bruxaria: o Athame, o Bastão, a Taça e o Pentáculo.

O Bastão e o Cálice são as ferramentas mais antigas da Bruxaria. O Bastão é derivado do ramo sagrado retirado da árvore divina dentro do bosque sagrado. O Cálice é derivado do uso de cabaças ou conchas para coletar a água da chuva e o orvalho, fluidos sagrados para a lua.

A lâmina ritual foi um acréscimo posterior às ferramentas da Bruxaria. Ela foi desenvolvida na mesma época que o Pentáculo. Ambas as ferramentas estão associadas ao tema do Deus morto e ao uso da lâmina e do prato. A bandeja, em forma de Pentáculo, é feita de pedra ou argila e representa a Terra. O Bastão representa o Ar em sua associação com o galho da árvore. A lâmina representa o Fogo, pois é forjada no fogo. O Cálice representa a Água, pois simboliza o útero.

O Pentáculo

O Pentáculo, tradicionalmente feito de pedra ou argila, é uma ferramenta elemental da Terra. Algumas Bruxas preferem um Pentáculo de metal devido a sua durabilidade, e como ele é feito de elementos retirados da terra, não perde sua conexão básica. Algumas Bruxas usam Pentáculos feitos de madeira, o que é difícil de conciliar com os princípios ocultistas tradicionais.

Normalmente, a maioria dos Pentáculos tem cerca de 15 a 30 centímetros de diâmetro, embora possa ser encontrado em qualquer tamanho devido ao gosto pessoal. O Pentáculo básico carrega em sua superfície uma grande estrela de cinco pontas conhecida como "Pentagrama". No Pentáculo, a estrela simboliza o princípio ativo dos quatro elementos mantidos em equilíbrio pela presença do espírito (o quinto elemento). Aqui ele está ligado ao Pentáculo, que simboliza o reino material. Por meio desse simbolismo, a Bruxa exerce os poderes criativos dos quatro elementos em suas mãos.

O Pentáculo pode ser preparado para o uso, borrifando-o com um pouco de água salgada e, em seguida, passando-o três vezes pela fumaça do incenso. Isso limpa sua energia de qualquer coisa que possa ter contaminado o Pentáculo antes de sua propriedade. Para purificação adicional, você pode expor o Pentáculo à luz do sol do meio-dia por uma hora.

Uma vez que o Pentáculo tenha sido purificado, ele pode ser dedicado ao serviço da Deusa e do Deus. Este é um procedimento simples que requer ungir o Pentáculo com um pouco de óleo mineral na borda externa, que é então traçado ao longo da borda com o dedo (completando um círculo completo). Então, começando na ponta superior e movendo-se para baixo, a estrela é traçada com um pouco de óleo no sentido horário. Enquanto traça a estrela, a Bruxa recita:

Estrela das Bruxas do antigo poder da magia,
venha, desperte agora nesta hora sombria.

Manifeste cada apelo, vontade e tudo o que se deseja
em nome do Deus e da Deusa. Que assim seja!

O Bastão

Como observado anteriormente, o Bastão é feito de madeira e é uma ferramenta do elemento Ar (em algumas Tradições ele é atribuído ao Fogo).

Tradicionalmente, o Bastão é feito de uma das árvores sagradas da Bruxaria. A madeira mais popular para um Bastão é o carvalho, mas muitas Bruxas preferem um salgueiro, faia, sorveira ou freixo.

O antigo costume referente ao Bastão exige que seu comprimento seja personalizado de acordo com a Bruxa individualmente. O Bastão é medido por uma parte do braço esquerdo e deve se estender em comprimento desde a parte interna do cotovelo até a ponta do dedo médio. Isso o alinha com seu dono e ajuda a estabelecer uma conexão íntima.

O Bastão pode ser preparado para uso, borrifando-o com um pouco de água salgada e, em seguida, passando-o três vezes pela fumaça do incenso. Para purificação adicional, o Bastão pode ser exposto ao sol do meio-dia por uma hora. Após removê-lo da luz solar, ele é ligeiramente esfregado com uma pequena quantidade de óleo de linhaça.

Uma vez que o Bastão tenha sido purificado, ele pode ser marcado com quaisquer símbolos que se queira colocar em sua haste. Antes de prosseguir com este estágio, o óleo de linhaça deve primeiro ter tempo para penetrar e ser absorvido. Pode ser necessário limpar o Bastão com um pano de algodão seco antes de pintar ou entalhar símbolos na madeira.

A etapa final é dedicar o Bastão ao serviço da Deusa e do Deus. Este é um procedimento simples que requer ungir o Bastão na ponta e na haste com três gotas de óleo de cânfora, óleo de heliotrópio e óleo de patchuli. O óleo é trabalhado na madeira com as mãos, de modo que toda a ferramenta, de cima a baixo, seja coberta com uma fina camada de superfície.

Quando o Bastão está pronto, ele é apontado para a lua cheia. Enquanto o Bastão é movido em um movimento circular como se estivesse girando lentamente ao redor da lua, a Bruxa recita:

> Bastão das Bruxas do antigo poder da magia,
> venha, desperte agora nesta hora sombria.
> Convoque cada apelo, vontade e tudo que deseja
> em nome do Deus e da Deusa. Que assim seja!

O Athame

O Athame é feito de lâmina de aço e tem um cabo preto. O cabo pode ser de madeira ou de chifre de animal. É uma ferramenta do elemento Fogo (em algumas Tradições o Athame é atribuído ao Ar). Tradicionalmente, a lâmina nunca pode ter tirado sangue antes que a Bruxa a possua e nunca deve ter permissão para tirar sangue depois.

Para preparar seu Athame para o uso, borrife-o com um pouco de água salgada e, em seguida, passe-o três vezes pela fumaça do incenso. Para purificação adicional, o Athame pode ser exposto ao sol do meio-dia por uma hora. Depois de retirado da luz solar, ele é esfregado levemente com uma pequena camada de óleo mineral, que é então limpo com um pano de algodão.

Uma vez que o Athame tenha sido purificado, ele pode ser carregado com fogo colocando a lâmina diretamente na chama de uma vela por alguns minutos. Quando a lâmina está bastante quente, a Bruxa recita o texto a seguir e, em seguida, mergulha rapidamente a lâmina em uma tigela de água fria:

Lâmina das Bruxas do antigo poder da Magia,
venha, desperte agora nesta hora sombria.
Para banir tudo o que se peça e deseja,
em nome do Deus e da Deusa. Que assim seja!

Em seguida, a lâmina é seca com um pano de algodão e então carregada com um ímã, que é repetidamente acariciado ao longo da lâmina da base à ponta (sempre movendo em apenas uma direção (nunca para frente e para trás). Enquanto realiza esta investida, a Bruxa recita:

A lâmina das Bruxas do antigo poder da Magia,
venha, desperte agora nesta hora sombria.
Desenhe cada desejo, chamada e aquilo que se almeja,
em nome do deus e da deusa. Que assim seja!

A etapa final é dedicar o Athame ao serviço da Deusa e do Deus. Na noite de lua cheia, um pequeno buraco é cavado com cerca de quinze centímetros de profundidade, em seguida, ele é preenchido novamente com o solo fofo solto (gentilmente batido).

Ajoelhando-se em frente ao local, a Bruxa agarra o cabo do Athame e o ergue até a lua (lâmina apontada para baixo). Depois ela fala o texto a seguir e, lentamente, mas com firmeza, abaixa a lâmina do Athame no solo, empurrando-a até o cabo:

De cima, onde a luz é plena e circular,
pela lâmina e desejo, para baixo vou te puxar.
O céu e a terra à esta lâmina estão ligados,
Quando a noite e a lua se unem
atos mágicos são realizados.

Retire rapidamente a lâmina do solo, limpe-a com um pano de algodão e guarde-a até que seja necessário usá-la.

O Cálice

Como mencionado anteriormente, o Cálice é tradicionalmente feito de prata e é uma ferramenta do elemento Água. Algumas Bruxas usam um Cálice feito de latão, estanho, madeira ou pedra polida, embora esses materiais não sejam ideais.

A prata é o metal da lua e o Cálice representa o útero da Deusa da Lua. Um Cálice de prata ajuda a Bruxa a manter a conexão mística para o trabalho ritual e mágico. Em certas ocasiões, o Cálice será usado para conter vinho. Quando não se usa Cálice de prata, o interior da área da xícara deve ser revestido com uma substância que não reaja com o vinho. Além disso, um cálice feito de qualquer substância deve ser cuidadosamente limpo após o uso para evitar o acúmulo de manchas.

O Cálice pode ser preparado para uso borrifando-o com um pouco de água salgada e, em seguida, passando-o três vezes pela fumaça do incenso. Depois deve ser exposto à luz da lua cheia à meia-noite por uma hora. Isso é melhor executado quando a lua está nos signos de Câncer, Peixes ou Escorpião. Esses são os signos do elemento Água do Zodíaco e são tradicionalmente associados à Lua, aos fenômenos psíquicos e à Magia.

Uma vez que o Cálice foi purificado e abençoado pela luz da lua, ele pode então ser dedicado ao serviço da Deusa e do Deus. A Bruxa esfrega o cálice três vezes com cânfora na borda externa da xícara, que é então traçada ao longo da borda com um dedo (completando um círculo completo no sentido horário). Enquanto traça a borda, a Bruxa recita:

> Taça das bruxas e ventre de poder,
> abra agora nesta hora ao anoitecer.
> Dê nascimento à cada invocação,
> vontade e aquilo que se deseja.
> Em nome do Deus e da Deusa. Que assim seja!

Além das quatro ferramentas tradicionais associadas à Bruxaria, também encontramos vários outros itens usados na Arte. Alguns Bruxos se referem a eles como as ferramentas secundárias da Bruxaria.

Essas ferramentas secundárias são o Caldeirão, a Vassoura, a Capa e o Anel. Cada um deles tem um uso prático e também uma conexão mística. Como a maioria das coisas na Bruxaria, o físico reflete o metafísico, que por si só reflete a fonte espiritual de todas as coisas.

O Caldeirão

O Caldeirão da Bruxa é destaque em contos de fadas, lendas, mitos e filmes modernos. Aqui, seu uso e propósito são tipicamente distorcidos para atender às necessidades, desejos e a intenção do escritor. Como observado no capítulo dois, o Caldeirão das Bruxas é uma coisa muito diferente da imagem popularizada de um recipiente para preparar venenos e elixires mágicos feitos de elementos arrepiantes.

Na Bruxaria, o Caldeirão é um vaso vital de nascimento e renovação. Ele é o receptor da semente e o útero que transforma o potencial em manifesto. No ritual e na Magia, o Caldeirão representa não apenas o portal do útero, mas também o portal de e para o Mundo Inferior.

A maioria das Bruxas terá pelo menos dois Caldeirões, um pequeno e um grande. O pequeno Caldeirão é preenchido até a metade com areia, sobre a qual um pequeno bloco de carvão pode ser colocado. Este Caldeirão é usado para queimar incenso, detritos de rituais ou pedaços de pergaminho usados para lançar feitiços. O grande Caldeirão é usado para fins rituais e grandes obras de Magia. Consulte o capítulo dez para obter mais informações.

A Vassoura

Como o Caldeirão, há uma imagem distorcida do propósito e uso da Vassoura da Bruxa. Naturalmente, a Vassoura não permite que a Bruxa voe pelo céu no reino material. No entanto, um de seus usos mais antigos era banir espíritos que se acumulavam no ar e no vento.

Tradicionalmente, a Vassoura da Bruxa é composta de um galho de freixo com galhos de bétula amarrados por tiras de salgueiro em uma das pontas. Nas antigas crenças da Magia popular, a bétula tinha o poder de impedir que os espíritos entrassem no mundo dos vivos e de banir os espíritos que se reuniam nos galhos baixos das árvores e nas vigas abertas das casas. Uma crença sustentava que, ao golpear o ar com a ponta de cerdas da Vassoura, os espíritos eram forçados a fugir da bétula.

Em algumas Tradições de Bruxaria, a Vassoura é usada para varrer a área do ritual antes de lançar o círculo de reunião. Isso purifica o ambiente tanto no nível material quanto no espiritual. Algumas

Bruxas usam a Vassoura como uma “porta com grades”, colocando-a lateralmente na borda do círculo onde os participantes entrarão e sairão do espaço sagrado.

O simbolismo da Vassoura se estende às outras madeiras que são usadas para construir a ferramenta. Conforme observado no capítulo dois, o freixo está associado ao mar. Hécate, uma das principais Deusas da Bruxaria, recebeu uma parte do mar, da terra e do céu de Zeus, o rei dos Deuses. Na antiga tradição europeia da Bruxaria, o salgueiro é sagrado para Hécate e está associado ao Mundo Inferior. Isso coloca a Vassoura da Bruxa sob o domínio de Hécate e a torna uma ferramenta que pode canalizar o poder nos três reinos: O Mundo Inferior, Mundo Médio e Mundo Superior.

O Manto

Um Manto com capuz às vezes é usado pelas Bruxas evocando uma aura mística. Em um ambiente ritual, usar um capuz puxado sobre a cabeça (seja em uma capa ou manto) é um sinal de “estar nas sombras”, o que denota uma imersão nos antigos mistérios ocultos. Na verdade, é um sinal externo de que a Bruxa deixou a personalidade mundana para trás e vestiu sua persona mágica.

De acordo com a tradição oral, durante os dias da Inquisição, as Bruxas costumavam se tornar invisíveis à noite, vestindo uma túnica preta com capuz ou uma capa com capuz. Usando o capuz puxado para baixo sobre o rosto, colocando as mãos dentro do manto/capa e agachando-se perto de uma árvore ou arbusto na floresta, a Bruxa se tornou invisível para os pesquisadores. Esta é a origem da lenda de que as Bruxas podem desaparecer no ar. Como um símbolo, a capa ou manto preto com capuz denota a Bruxa como uma “criança da noite”, pertencente ao reino da Lua e sua Deusa. A Bruxa é, em um sentido muito real, o místico que vê no mundo os reflexos de metáforas que apontam para o funcionamento espiritual dos criadores. Este mecanismo interno anima e dirige o reino material. Como a ganância humana continua a provocar o colapso do equilíbrio ecológico da Terra, a Bruxa como mística e maga é mais necessária do que nunca.

O Anel

Tradicionalmente, a Bruxa usa um anel que contém a essência da Magia, que é simbolizado pelo Pentagrama. É, com efeito, um sinal da aliança entre a Natureza e a Bruxa. O Pentagrama simboliza a quintessência do mecanismo interno da Natureza.

De acordo com os ensinamentos antigos, a criação do Universo ocorreu quando os quatro elementos básicos Terra, Ar, Fogo e Água foram reunidos em harmonia sob a direção do Espírito Divino. Este tema básico aparece em muitos mitos antigos nos quais a ordem surge no caos. Isso às vezes é chamado de "domesticação dos elementos".

Usado pelas Bruxas, o Anel de Poder simboliza aquele que possui a habilidade de dirigir as forças elementais, mantendo-as em harmonia por meio da relação da Bruxa com a fonte divina, pois tudo o que uma Bruxa faz é primeiro discernido por meio de sua conexão espiritual. Isso requer um retorno à centelha divina interior, que é dada pelos divinos criadores. A centelha divina mantém uma conexão viva entre a alma e a consciência divina da qual surgiu.

O Anel é uma ferramenta mágica, mas o que é Magia e como ela funciona? No próximo capítulo, examinaremos como as Bruxas veem a Magia. Devemos também explorar o reino da Magia e descobrir os mecanismos internos que permitem que a energia mágica seja acessada pela Bruxa. Vamos agora investigar a arte mágica das Bruxas.

8

A ARTE MÁGICA

Quando as pessoas pensam sobre Bruxaria, elas comumente imaginam que seja a prática de Magia e Feitiços. Na verdade, essas coisas são parte do que pode ser chamado de "arte das Bruxas", associada a fabricação de incenso, óleos e poções de ervas. No entanto, a Magia é apenas uma pequena parte da Bruxaria e pode ser referida como um assunto secundário, pois a Bruxaria é primeiro uma filosofia, uma religião em segundo e um sistema mágico em terceiro. Os três aspectos são, no entanto, inseparáveis.

Na Bruxaria, a Magia é definida como a arte de fazer com que os desejos se manifestem de acordo com a vontade imaginada. Isso é feito primeiro por meio de exercícios destinados a fortalecer a vontade e a capacidade de visualização da pessoa. Imaginar com clareza em sua mente exatamente o que você quer e então focar sua vontade e determinação em alcançá-lo é a base da habilidade mágica de alguém. Um conceito popular na Bruxaria Moderna é que se você visualizar seu desejo e acreditar que irá alcançá-lo, ele se manifestará. Infelizmente, isso não é suficiente para tornar sua mágica consistentemente bem-sucedida.

Quando eu costumava dar aulas de Magia para iniciantes em Bruxaria, utilizava um pequeno truque para ajudar as pessoas a entender o princípio da Magia. No início da aula, coloquei uma caixa de madeira fechada em um suporte à minha frente. Então, pedi um voluntário entre os alunos reunidos. Assim que o voluntário se posicionou, pedi a ele que subisse e pegasse a nota de um dólar de dentro da caixa enquanto eu continuava a aula.

O voluntário aproximou-se da caixa, abriu-a e comentou: *"Mas não há nenhuma nota de um dólar aqui dentro!"* Eu respondi: *"Tem certeza?"* e o ajudante ergueu a caixa vazia dizendo: *"Sim, veja!"* Em seguida, fingi estar perplexo e disse: *"Bem, você sabe como é uma nota de um dólar, certo?"* A pessoa respondeu: *"Claro, claro que sim"*. Então eu disse: *"Então, quando eu disse que havia uma nota de um dólar na caixa, você a viu em sua mente, certo?"* O voluntário acenou com a cabeça em concordância.

"Bem", continuei, *"você acreditou em mim quando disse que havia um dólar na caixa?"* O voluntário respondeu: *"Sim"*, e mais uma vez eu fingi estar perplexo, respondendo: *"Ok, deixe-me ver se entendi bem. Você visualizou a nota de um dólar e acreditou que ela estava na caixa, mas quando abriu a caixa, ela estava vazia"*. Olhando para os alunos reunidos diante de mim, disse: *"Então, acho que a visualização e a crença não são suficientes para manifestar os desejos de alguém. Deve haver algo faltando aqui. Alguém consegue adivinhar o que pode ser?"*

Todos tentaram evitar o contato visual e passaram um momento com medo de que eu os chamasse para obter uma resposta. Em vez disso, finalmente observei: *"Bem, o ingrediente que faltava era a energia. Nem eu nem ninguém fez o esforço de colocar o dólar na caixa"*. O esperado gemido voltou dos alunos, mas o ponto tinha sido feito. Sem um investimento de energia, nada vai acontecer.

A fórmula essencial para a Magia é que três coisas são necessárias para que a manifestação ocorra: tempo, espaço e energia. Isso às vezes é chamado de "triângulo de manifestação". O momento é quando o ato é realizado, o espaço é onde ele ocorre e a energia é a ação necessária (seja uma performance ritual, dança extática ou algum outro método de aumentar a energia). Todos os três elementos devem ser reunidos para que a Magia crie raízes e a manifestação ocorra.

Capturando a Magia

Outro truque que uso para ensinar as pessoas é o que chamo de "capturar a Magia". Nas aulas de Magia para iniciantes, eu combino antecipadamente com o anfitrião para que as luzes sejam apagadas e acesas conforme eu precisar no momento. Então começo a falar sobre a Bruxaria como um sistema mágico. Quando chego ao ponto em que defino Magia, digo a todos que quero mostrar algo a eles.

Peço ao anfitrião que apague as luzes e, quando escurece, começo a falar em tons suaves e medidos, com o objetivo de evocar uma atmosfera mística na sala. Então digo a todos *"Ok, em alguns momentos vou realizar um ato de Magia que todos vocês vão experimentar aqui e agora"*. Faço uma pausa por alguns segundos e continuo, *"Ok, vou começar agora na contagem de três"* e então lentamente conto em voz alta. Depois de contar até três, paro novamente por alguns segundos enquanto permaneço na escuridão. Quando eu digo *"Tudo bem então..."* é a deixa para o anfitrião acender as luzes novamente.

Lá, na luz, todos ficam piscando e olhando ao redor. Algumas pessoas parecem confusas e outras parecem preocupadas. Então eu pergunto: *"Quantas pessoas pensam que nada aconteceu?"* As reações variam de classe para classe, mas na maioria das vezes ninguém levanta a mão. Em seguida, pergunto: *"Enquanto você estava sentado aí, na escuridão, e eu disse que em alguns momentos iria fazer Magia, não houve, mesmo que por apenas uma fração de segundo, a sensação de que literalmente alguma coisa estava para acontecer? Você não conseguiu sentir isso ao seu redor?"* O aceno silencioso de *"sim"* é sempre a única resposta.

Expliquei aos alunos que algo realmente havia acontecido e que fiz o que disse que faria. Eu evoquei a potencialidade e, por um breve e fugaz momento, eles experimentaram a essência da Magia. Lá na escuridão, naquele breve momento, tudo e qualquer coisa era possível. Por meio dessa experiência, os alunos capturaram a Magia ou, em um sentido muito real, recapturaram a Magia que perderam quando entregaram a infância e abraçaram o mundo pré-fabricado que outros prepararam para seu crescimento.

O estado de espírito mágico

Se você já observou crianças brincando, então notou prontamente que é necessário pouco mais do que uma capa para torná-las super-heróis em suas mentes. Com um cocar de penas, uma criança pode se tornar totalmente um índio americano, ou com uma pistola no coldre, a criança pode se tornar um pistoleiro famoso. Aqui, uma ferramenta simples transforma uma consciência aberta. Isso é, em parte, o que é chamado de "consciência mágica".

As Bruxas usam a criação de um estado mágico de consciência como parte de um sistema de treinamento. O próprio cenário do ritual ajuda a invocar a consciência mágica. Isso começa marcando um círculo no chão com giz, corda ou um anel de pedras, que dá início aos estágios iniciais que culminam na transformação do mundano em místico. Duas velas são acesas e colocadas no altar, que fica no centro do círculo ou próximo a ele. Velas ou tochas são colocadas e acesas em cada um dos quatro quadrantes do círculo ritual.

Enquanto a luz da vela bruxuleia na escuridão, o incenso é aceso e a fumaça começa a subir. Ele se mistura com a luz suave das velas, criando uma névoa mágica. O perfume preenche o cenário do ritual e fixa a imagem deste reino mágico firmemente na mente e nos sentidos. Aqui, neste cenário místico, o homem ou mulher realizando a tarefa agora percebe a Bruxa interior e, então, a consciência mágica emerge.

A disposição de um círculo ritual e a colocação de um altar ajudam a Bruxa a se retirar do mundo secular. Este é um foco consciente de esforço pessoal projetado para transformar o ambiente em um espaço sagrado. O brilho da luz das velas, o movimento das sombras, o cheiro de incenso e a visão de ferramentas rituais, todos contribuem para alterar o estado de consciência de uma pessoa.

Uma vez que a Bruxa tenha alcançado o estado de espírito mágico adequado, o acesso à energia mágica pode ser realizado. O princípio oculto de "semelhante atrai semelhante" aproxima a Bruxa e o reino mágico em alinhamento. Uma vez que um estado harmonioso é alcançado, os dois podem interagir um com o outro. Para a Bruxa, tudo agora é possível, então ele ou ela invoca os poderes constituídos.

Magia e os quatro elementos

Nas crenças da Bruxaria, a estrutura básica de qualquer coisa existente no reino material e espiritual é composta por uma ou mais das quatro naturezas elementais. A Terra é aquela propriedade que liga e dá forma. O Ar é a propriedade que libera e estimula. O Fogo é aquela propriedade que anima e ativa. Água é aquela propriedade que torna as coisas mutáveis e flexíveis.

De acordo com os ensinamentos, tudo no Universo tem uma natureza dual e, portanto, os quatro elementos também possuem uma dualidade (o que pode ser denominado de "seus aspectos negativos"). Nesse contexto, o elemento Terra pode ser rígido, o Ar volúvel, o Fogo destrutivo e a Água estagnadora. No entanto, através da intervenção do Espírito Divino (o chamado "quinto elemento"), os quatro elementos são mantidos em um estado de existência positivo e pacífico. É importante entender que quando falamos dos quatro elementos, estamos falando de tipos de energia. As formas físicas dos quatro elementos no mundo material são manifestações de princípios elementais, e não os próprios elementos.

Empédocles (um estudante dos ensinamentos de Pitágoras) foi a primeira pessoa conhecida a ensinar o conceito dos quatro elementos como uma única doutrina coesa. Ele também foi a primeira pessoa a introduzir esse conceito na Astrologia e seu papel no discernimento da natureza básica dos signos do Zodíaco. Empédocles viveu por volta de 475 AEC, em sua terra natal, a Sicília, onde apresentou os ensinamentos sobre os quatro elementos como a raiz quádrupla de todas as coisas. Estas são as atribuições tradicionais do Ocultismo Europeu derivadas dos ensinamentos de Empédocles:

Terra: Touro, Virgem, Capricórnio
Ar: Gêmeos, Libra, Aquário
Fogo: Áries, Leão, Sagitário
Água: Câncer, Escorpião, Peixes

Terra: frio + seco
Ar: quente + úmido
Fogo: quente + seco
Água: frio + úmido

A maioria dos ocultistas atribuem a Filipus Aureolus Paracelsus (o Paracelso) o que pode ser chamado de "Doutrina dos Quatro Elementos". Paracelso foi um alquimista que ensinou que os quatro elementos primários consistiam em uma substância vaporosa e tangível. Ele acreditava que cada elemento existia tanto como um elemento físico quanto como um elemento espiritual. E ensinou que, assim como havia dois tipos de matéria na Natureza, física e etérica, também deve haver dois tipos de Natureza (o Mundo Físico e o Mundo Sobrenatural). Ele ainda acreditava que dentro do Mundo Sobrenatural existiam seres nativos para cada uma das regiões elementais nele. Assim, Paracelso atribuiu gnomos à Terra, silfos ao Ar, salamandras ao Fogo e ondinas à Água.

Durante a Idade Média, acreditava-se que homens e mulheres tinham naturezas compostas, o que significa que eram uma mistura de espírito, mente e corpo. Os seres elementais eram considerados criaturas de uma única natureza relacionadas inteiramente à propriedade de seu elemento correspondente. Assim como os peixes são criaturas da água e os pássaros são criaturas do ar, cada elemental é único na forma e na função de uma maneira apropriada ao seu ambiente elemental.

Paracelso ensinou que os Elementais eram invisíveis à visão humana, porque existiam em um estado mais sutil do que as formas físicas ou fenômenos. Acreditava-se, entretanto, que condensando o material etérico de suas formas, os Elementais poderiam aparecer no mundo físico da Natureza sempre que quisessem. Como Paracelso afirmou, os Elementais vivem nos elementos internos, enquanto homens e mulheres vivem nos elementos externos.

O Portal Elemental

Enquanto as Bruxas criam energia mágica no reino material, a Magia na verdade cria raízes na dimensão astral. A chave aqui é que a Bruxa transmita essa energia ao Reino Astral. Para conseguir isso, a Bruxa estabelece um portal entre os mundos. Uma vez que um portal é aberto, a energia mágica pode então ser direcionada para fora. Para obter mais informações sobre essas técnicas, dirijo o leitor aos meus livros anteriores, *Wiccan Magick* e *The Witches' Craft*[19].

Junto ao portal que conduz ao círculo ritual está o plano elemental de forças. Isso pode ser considerado um rio circular fluindo de e para a dimensão astral. Tudo o que entra no fluxo elemental do reino material é levado para o astral e vice-versa. Tudo o que se enraíza no material astral se manifesta no mundo material.

Em um primeiro momento, o truque é fazer com que os desejos de alguém criem raízes.

Na arte mágica da Bruxaria, para que o desejo crie raízes, ele deve ter uma forma de energia coesa. Portanto, a Bruxa cria uma "forma de pensamento" que é gerada por uma imagem visual forte. Aumentar

19. Grimassi, Raven. *Wiccan Magick* [1998], and *The Witches' Craft* [1998]. Llewellyn Worldwide Ltd., St. Paul, Minn.

a energia e direcioná-la para a ideia visual vitaliza a imagem. Este é um ato simultâneo e requer um foco cuidadoso e forte. Uma vez que a energia é liberada, a forma-pensamento é então ligada a um ou mais dos quatro elementos. Este seria qualquer elemento (por seu caráter único) que corresponda à natureza do desejo.

Devaneios, fantasias e meditações aumentam a energia, mas carecem de qualquer coesão substancial (a menos que se tornem obsessivos). Portanto, eles não podem criar raízes no Plano Astral e se manifestar no reino material. Em vez disso, em alguns casos, suas formas podem se vincular à aura da pessoa que as gerou. Se isso acontecer, a pessoa pode se descobrir vivendo em um mundo de sonhos, em vez de participar totalmente de um curso prático sobre sua própria vida.

Como a criação de formas-pensamento viáveis requer criatividade e energia, as Bruxas evocam espíritos elementais para seus círculos rituais no intuito de ajudar na formação da Magia. Os elementais são solicitados a transmitir sua natureza à Magia ou ao feitiço que está sendo criado. Com a ajuda deles, a Bruxa pode direcionar mais energia para a criação de Magia do que ela ou ele sozinho como um único indivíduo. Um Coven de Bruxas pode ser ainda mais bem-sucedido nesse aspecto.

A Magia e as ferramentas das Bruxas

Na arte da Magia (da perspectiva da Bruxaria), o Pentáculo, o Bastão, o Athame e o Cálice são os elos materiais com as energias elementais que eles representam. Em certo sentido, eles são pontes para o reino elemental através do qual o Mago estende sua consciência e força de vontade. Utilizar qualquer uma das ferramentas é exercer o poder do elemento conectado a ela, pois uma ferramenta de elemento é, em parte, uma metáfora tangível para a natureza metafísica que simboliza.

A Bruxa e a ferramenta devem "se encontrar" na própria natureza elemental. Isso pode ser feito por um de dois meios. Tradicionalmente, cada ferramenta era adquirida ao encontrar diretamente o elemento ao qual foi atribuída. Isso exigia que o iniciado literalmente "enfrentasse os elementos" para que ele ou ela obtivesse uma ferramenta ritual. Por exemplo, o Bastão pode ser suspenso no galho de uma árvore alta ou amarrado a uma rocha em um penhasco, e a Bruxa tem que escalar para pegar a ferramenta. O Athame pode ser colocado no centro de um grande círculo de chamas, o Cálice em uma piscina profunda e o Pentagrama nas profundezas de uma caverna escura.

Nos tempos modernos, existe um caminho mais seguro preferido por muitas Bruxas. Isso simplesmente requer o que é chamado de "fusão" com a ferramenta. A Bruxa se senta confortavelmente e segura a ferramenta nas mãos. Então ela se imagina como um recipiente oco completamente cercado em todas as direções por um dos quatro elementos. Ao trabalhar com o elemento Terra, por exemplo, a Bruxa visualizaria grãos de areia entrando em seu corpo do topo da cabeça até os pés, preenchendo completamente todo o corpo. À medida que a areia penetra, a Bruxa imagina a sensação do elemento que, no caso da Terra, pode ser peso ou solidez.

Quando o elemento preencheu a Bruxa completamente, ele exala a substância elemental sobre a ferramenta, usando três exalações longas e profundas. Durante cada expiração, a Bruxa visualiza a substância elemental saindo do seu corpo, da cabeça aos pés, e entrando na ferramenta ritual. Esta fórmula básica é repetida para cada um dos elementos e com cada uma das ferramentas associadas a eles. Para recapitular, o Pentagrama é a Terra, o Bastão é o Ar, o Athame é o Fogo e o Cálice é a Água.

Tendo realizado o exercício, a Bruxa e a ferramenta agora compartilham a mesma relação com a natureza elemental. Quando a Bruxa segura uma das ferramentas, o elemento está vivo e pode ser invocado ou evocado conforme desejado. Os espíritos elementais sentem a essência vital de sua natureza elemental dentro da ferramenta (e dentro da Bruxa), e são atraídos para a exibição e uso do instrumento.

É costume na Bruxaria nunca tocar ou manusear as ferramentas de outra pessoa sem primeiro pedir permissão. Isso ocorre, porque cada ferramenta está intimamente ligada à Bruxa. Algumas Bruxas nunca permitem que suas ferramentas sejam tocadas por ninguém, e algumas concederão permissão se o protocolo for observado.

Tradicionalmente, as ferramentas são recarregadas e abençoadas novamente sob a lua cheia a cada mês. Ao longo de um ano, isso permeia o instrumento com a energia da Lua em cada um dos signos do Zodíaco. O método mais simples é borrifar a ferramenta com água mineral limpa e colocá-la sob a lua cheia à meia-noite durante uma hora. A ferramenta é então recuperada, seca com um pano de algodão, embrulhada em seda e guardada em local escuro pelo menos até o pôr do sol do dia seguinte. A seda não extrai energia da ferramenta e isso ajuda a fazer com que ela se "fixe" dentro do instrumento.

Fórmula básica da Magia

Existem cinco aspectos essenciais que contribuem para a criação de trabalhos de Magia de sucesso consistente. Esses aspectos são os seguintes:

1. Vontade Pessoal
2. Tempo
3. Imagens
4. Direção
5. Equilíbrio

A "vontade pessoal" de uma pessoa pode ser considerada como motivação, desejo ou poder de persuasão. A Bruxa deve investir o "poder elevado" de seu interesse pessoal no resultado da meta, a fim de fornecer energia suficiente para iniciar o processo de manifestação mágica. Quanto mais forte for o investimento emocional, mais poder pode ser gerado. No entanto, o senso de "necessidade" e o "anseio" devem ser suprimidos ao fazer mágica, como tal, os sentimentos impedem a liberação total de poder em direção ao objetivo desejado.

Um exemplo mundano desse princípio é conhecido por muitos apostadores. Se você precisa ganhar porque precisa do dinheiro, então não vai ganhar. Se não se importa com o dinheiro, você tem uma chance de ganhar. Portanto, o sentimento de necessidade e o anseio devem ser suprimidos, e a vontade deve ser focada apenas em uma visão imparcial do resultado desejado.

Em dezembro de 2002, na Virgínia Ocidental, um homem ganhou US$ 360 milhões de dólares em um sorteio de loteria. Ele já era um multimilionário com ganhos de US$ 17 milhões por ano. O homem comprou um único bilhete e provavelmente não pensou mais no assunto, porque não precisava do dinheiro. Em outras partes do

Estado, centenas de pessoas que precisavam desesperadamente do dinheiro gastaram fundos que não podiam e compraram vários bilhetes. Eles oraram para ganhar e provavelmente não pensaram em mais nada desde o momento em que compraram seus bilhetes até o anúncio do vencedor.

De uma perspectiva mágica, nenhuma energia foi liberada em direção a seu objetivo. Toda a energia literalmente ficou com eles e fez revirar seus estômagos e corações. Em certo sentido, o vencedor na verdade ganhou por omissão, porque sua falta de preocupação o deixou aberto e receptivo.

O tempo também é importante no desempenho da Magia e pode significar sucesso ou fracasso. O melhor momento para liberar e direcionar a Magia é quando o alvo está mais receptivo. A receptividade é geralmente garantida quando o alvo é passivo em vez de ativo. A fase crescente ou minguante da lua também deve ser levada em consideração, assim como a estação do ano. Trabalhar em harmonia com o fluxo natural de energia vai ajudar nisso. Trabalhar contra o fluxo natural vai resistir a uma manifestação bem-sucedida.

A imaginação é essencial para a Magia e o sucesso de qualquer trabalho depende em parte das imagens criadas pela mente. É aqui que a imaginação entra na fórmula, pois qualquer coisa que sirva para intensificar as emoções acabará por contribuir para o sucesso.

Até mesmo um desenho, uma foto ou uma ilustração pode ajudar a Bruxa a se conectar com seu desejo, pois as imagens podem servir como um dispositivo de orientação em seu papel de representação do resultado desejado.

Uma vez que a energia suficiente tenha sido elevada, a Bruxa deve direcioná-la para a manifestação desejada –, mas como observado anteriormente, qualquer sentimento de ansiedade em relação aos resultados vai servir apenas para reter a energia. Da mesma forma, cada vez que a mente passa a pensar sobre o resultado, a energia atrai as imagens e os conceitos para longe da meta. Para um sucesso consistente, o assunto não deve ser levado mais em consideração, uma vez que um trabalho de Magia seja concluído.

O último aspecto da Magia está relacionado ao equilíbrio pessoal. A Bruxa deve pesar a necessidade de trabalhar a Magia contra as consequências de atingir o objetivo, levando em consideração o alvo do desejo, bem como o próprio bem-estar pessoal da Bruxa. Raiva, ganância, luxúria e vingança são tipos de energia que podem e terão repercussões para todos os envolvidos. Em vez disso, a Bruxa experiente busca um equilíbrio interior de emoção e razão antes de lançar um feitiço ou realizar um ato mágico.

Outro aspecto do equilíbrio diz respeito ao mundo exterior. Uma Bruxa tem poder *com* a natureza, não *sobre* a natureza. Portanto, a Bruxa não busca perturbar ou interferir no fluxo natural das coisas sem uma boa causa. A Bruxa experiente não tenta fazer chover quando o tempo está claro e seco, nem tenta fazer crescer plantas na neve, e assim por diante. Bruxas trabalham com as estações e os ciclos da Natureza para realizar seus desejos mágicos.

A Pirâmide das Bruxas

Este é um conceito que descreve os componentes necessários que contribuem para alcançar a manifestação do desejo mágico de alguém. A pirâmide é composta por estes lados marcados com os atributos:

- Vontade pessoal
- Imaginação
- Visualização

(No centro da pirâmide está a expectativa de sucesso)

Desejo

•

(Expectativa)

• •

Imaginação **Visualização**

Expectativa é essencial para uma manifestação bem-sucedida. A Bruxa deve desejar algo, imaginar o resultado em sua mente e visualizar o que é desejado. Além disso, ela deve ter a expectativa de que aquilo se manifestará de acordo com o seu desejo. Imaginação é um componente importante na criação de efeitos mágicos. Pessoas que não possuem conhecimento de como a Magia funciona, nem têm nenhuma experiência com ela, podem sentir que a imaginação é puramente uma fantasia. Para a Bruxa, entretanto, a imaginação é uma qualidade vaporosa que pode condensar pensamentos em imagens formadas. No Plano Físico, os pensamentos de uma pessoa (por meio da imaginação) podem se manifestar como um romance, um filme ou uma obra de arte. No Plano Astral, a imaginação de uma pessoa pode manifestar imagens de energia que são tão reais para as entidades astrais quanto qualquer forma física é para os seres materiais.

Magia consistentemente eficaz requer as ações da imaginação e da vontade pessoal. A vontade por si só é uma corrente indefinida de energia. A imaginação por si só carece de vitalidade. Quando os dois fatores são reunidos, efeitos mágicos substanciais são possíveis. Na aplicação prática, a Bruxa deve primeiro ativar a imaginação, para que, depois, uma imagem do efeito desejado seja criada. Então, a vontade pessoal deve ser usada para direcionar a energia da imaginação. Na Bruxaria, a imaginação pode ser comparada ao útero. Neste contexto, a vontade se torna a semente fecundadora. Quando unidos, eles podem produzir a "criança mágica", que é o desejo manifestado. Na arte da Magia é importante entender que *vontade* não é a mesma coisa que *desejo*. A vontade pessoal é um ato de concentração e deve ser mantida separada do desejo. A imaginação surge do desejo e é vitalizada pela vontade. Portanto, a mente deve estar livre de desejos ao focar à vontade na imagem evocada pela imaginação. É por isso que as Bruxas usam símbolos e sigilos –, porque são substitutos não emocionais que representam o desejo, a meta e a manifestação. Na verdade, eles ajudam a libertar a Bruxa do apego.

Conexões mágicas

É uma crença muito antiga da Magia popular que qualquer coisa conectada a uma pessoa contém um elo de energia com aquela pessoa. Por exemplo, o cabelo de uma pessoa mantém as vibrações de seu padrão de energia. Portanto, pelo uso de Magia simpática, essa pessoa pode ser influenciada pela energia dirigida a ela. Magia simpática é um conceito no qual um objeto pode afetar outro objeto que contém uma conexão direta com ele. Essa é a noção básica da chamada "boneca voodoo", que na Bruxaria é simplesmente chamado de "boneco".

Na Magia simpática, o cabelo pode servir como um ponto de concentração e uma espécie de "dispositivo de localização" para a energia direcionada. O mesmo se aplica a peças de roupa sujas e outros objetos pessoais. Ao fazer uma imagem de uma pessoa e colocar seus objetos pessoais dentro dela, cria-se um centro de foco que é magicamente conectado ao indivíduo. Por meio desse método, a Bruxa pode realizar curas e outros atos de Magia popular a distância.

Na Bruxaria, acredita-se que tudo está interligado e é essencialmente inseparável. Isso pode ser visualizado como uma teia de aranha gigante, com cada junta de um fio sendo um objeto físico, uma pessoa, um lugar ou uma situação no plano material. O movimento, perturbação ou quebra de qualquer fio causa uma ondulação que transmite uma vibração a tudo na teia. Nesse sentido, tudo pode ser alcançado e influenciado, conectando-se com os fios da teia. Isso faz parte da Arte Mágica das Bruxas.

As Bruxas são chamadas de tecelãs e modeladoras de Magia. Elas usam a substância elemental da própria criação para fazer sua Magia. Delas é o mundo dos mistérios, um lugar entre os mundos.

Bruxas se movem entre o Mundo Mágico e o Mundo Natural à vontade, e elas estão igualmente em casa em ambos os reinos. Para as Bruxas, a Magia é simplesmente parte da vida delas e permeia tudo o que elas fazem.

A Porta Oculta

É no entendimento de que todas as coisas estão interligadas que a Bruxa percebe o mecanismo interno do Outromundo. Aqui os mistérios secretos residem e são protegidos pela mente guardiã, aquela parte de nossa consciência que vê o mundo de uma maneira prática e linear. Ele examina, analisa e categoriza tudo o que experimentamos. Outro nome para a "mente guardiã" é "mente consciente".

Vários anos atrás, eu estava presidindo um ritual onde estava presente uma jovem Bruxa de Primeiro Grau. Era a primeira vez que ela participava de um trabalho ritual completo, e ela estava muito animada. O tempo nos impediu de sair naquela noite, então decidimos realizar o ritual dentro de casa. Tudo correu bem e finalmente chegou a hora de completar o ritual.

Quando tudo acabou, apagamos as velas e um dos iniciados saiu na escuridão tentando encontrar o interruptor de luz. Nesse ínterim, a nova iniciada veio em minha direção e comentou *"foi realmente legal como seu amuleto estava refletindo luz durante o ritual"*. Assim que ela terminou suas palavras, as luzes se acenderam, ela olhou para o meu peito e, humildemente, comentou: *"hum... você não está usando um amuleto"*. Eu respondi: *"não, hoje não"*, e comecei a limpar a superfície do altar.

Depois de alguns momentos, a iniciada falou novamente: *"bem, talvez uma das chamas de uma vela refletiu na lâmina do Athame no altar e a luz estava brilhando em você"*. Eu respondi: *"sim, provavelmente era isso mesmo"*, e continuei a guardar os itens do ritual. Mais alguns momentos se passaram e ela sugeriu: *"hum, pode ter sido a luz da rua entrando pelas venezianas e atingindo seu peito quando você se moveu em frente ao altar"*. Mais uma vez, respondi: *"sim, provavelmente era isso mesmo"*.

Com o ritual atrás de nós, todos nós nos acomodamos na sala de estar e começamos a conversar, beber vinho e desfrutar da companhia uns dos outros. Conforme a noite avançava, a iniciada se aproximou de mim mais três vezes com outros vários cenários sobre como e porque um brilho apareceu em meu peito durante o ritual. Desnecessário dizer que sua mente de guardiã estava funcionando bem.

Pouco antes de todos começarem a voltar para casa, ela se aproximou de mim mais uma vez. Eu a parei, gentilmente coloquei minhas mãos em seus ombros e a olhei diretamente nos olhos. *"você sabe o que está fazendo?"* Eu perguntei. Ela respondeu: *"o que você quer dizer?"* Eu dei a ela uma sacudida provocante e disse: *"você está perdendo a Magia!"*

Eu disse a ela que não sabia o que era o brilho no meu peito, e que poderia ter sido qualquer coisa. Expliquei que, ao buscar explicações mundanas, ela roubou a essência da Magia e o potencial do momento. Então sugeri que no futuro ela deveria simplesmente estar presente no momento durante um ritual e não tentar analisar as coisas, mas simplesmente vivenciá-las. Sempre haverá tempo no final da noite para refletir e discernir o que aconteceu (e o que não aconteceu).

A mente subconsciente percebe as coisas de maneira muito diferente do que faz a mente consciente. Por exemplo, em um sonho, se está dirigindo um carro e de repente ele vira uma bicicleta, você simplesmente começa a pedalar. Ou se você está em uma esquina e um ônibus para e abre as portas, você entra no ônibus mesmo sem saber para onde está indo ou porquê. Se qualquer um desses eventos acontecesse no mundo mundano, para a mente consciente haveria questões sérias exigindo uma resposta.

Para a mente subconsciente, o carro, a bicicleta e o ônibus são apenas símbolos de conceitos. É a própria jornada que é o foco do sonho e não os veículos relacionados. A mente subconsciente é conceitual (vendo a visão completa), enquanto a mente consciente é orientada para os detalhes (concentrando-se amplamente nos componentes). É por isso que a mente consciente pode rejeitar o conceito de Magia, enquanto a mente subconsciente o aceita prontamente como um fato.

Boa parte do trabalho com Magia das Bruxas requer passar pelo guardião e acessar os níveis subconscientes. A mente subconsciente está diretamente ligada ao mundo dos sonhos, que é uma porta de entrada para o Plano Astral. É aqui que a energia mágica se enraíza e se move em direção à manifestação. Antigas lendas sobre senhas secretas que abrem portas, bem como contos de passagens secretas por troncos de árvores e pedras, são todas metáforas para passar pela mente guardiã a fim de entrar no reino oculto.

Contornar a mente guardiã requer que a Bruxa atinja um estado alterado de consciência semelhante à mente onírica, que aceita tudo o que está acontecendo e simplesmente responde a isso. Uma das maneiras de fazer isso para o iniciante é usar o cenário do altar como um catalisador. Isso permite um despertar gradual da mente mágica.

Para despertar a mente mágica, é sempre útil apagar todas as luzes artificiais. A mente do guardião vê a noite como o momento para relaxar, controlar e se preparar para um eventual sono e, portanto, a escuridão é uma ajuda para escapar do guardião. Acender algumas velas cria uma atmosfera de "Outromundo", o que é útil para permitir que alguém "sacuda" o mundo mundano. Além disso, as chamas bruxuleantes despertam a memória primordial de sentar-se ao redor do anel de fogo sob a copa da floresta, ecos de uma época em que vivíamos em harmonia com nosso meio ambiente.

Acender um incenso e observar a fumaça subir e flutuar no ar também pode invocar um sentido místico. A Bruxa deve entrar totalmente no momento mental e permitir que a consciência ceda e abrace a noção de Magia. Se cada ato for executado com atenção lenta, deliberada e focada, e com um ar de reverência, a mente guardiã ficará hipnotizada. Este estado permite que a mente subconsciente desperte e crie as conexões mundo dos sonhos/astral para a Bruxa.

Colocando as ferramentas elementais (Pentáculo, Bastão, Athame, Cálice) no altar e focalizando suas naturezas elementais, a mente subconsciente pode então reconhecer suas conexões com as operações astrais. Isso torna o poder e o propósito das ferramentas reais na consciência da Bruxa. Aqui, os adereços tornam-se as metáforas dos princípios que representam. Uma vez que tudo é assim traduzido e interpretado pela mente subconsciente, a Bruxa pode então exercer o poder do conceito por meio do uso de cada ferramenta. Exatamente como no caso do exemplo do sonho anterior, em que o carro se tornou uma bicicleta, na Magia a mente subconsciente não tem argumentos contra a habilidade de um Bastão de produzir efeitos mágicos.

Agora que exploramos a consciência mágica da Bruxa, vamos para o próximo capítulo explorar os mistérios que fazem parte do mundo das Bruxas. Aqui, encontraremos o Outromundo e chegaremos a uma compreensão das visões místicas da religião da Bruxaria.

9

Os Três Grandes Mistérios

O antigo escritor grego Hesíodo escreveu em sua obra, *Teogonia,* que existem três grandes mistérios na vida da humanidade: nascimento, vida e morte. Os mistérios falados por Hesíodo apontam para as perguntas que os humanos fazem desde o início: "de onde viemos, por que estamos aqui e o que acontece depois que morremos?"[20]

Na Bruxaria Moderna, encontramos uma passagem popular que se refere a um mistério tríplice. O versículo diz:

> [...] pois há três grandes mistérios na vida do homem, e a Magia controla todos eles. Para cumprir o amor, você deve voltar novamente ao mesmo tempo e no mesmo lugar que os entes queridos; e você deve encontrá-los, reconhecê-los, lembrá-los e amá-los novamente. Mas para renascer, você deve morrer e estar pronto para um novo corpo. Para morrer, você deve nascer; e sem amor, você não pode nascer.
>
> Sheba, Lady. *The Grimoire of Lady Sheba.* St. Paul: Llewellyn Worldwide Ltd., 1972.

Gerald Gardner, em seu livro *Bruxaria Hoje*, publicou uma versão ligeiramente diferente com as palavras: *"Pois há três grandes eventos na vida do homem – amor, morte e ressurreição no novo corpo – e a Magia controla todos eles.*"[21]

---

20. Lattimore.

21. Gardner, Gerald. *Witchcraft Today* (Citadel Press, New York, 1973).

Quase meio século antes dos escritos de Gerald Gardner, encontramos os de Charles Leland, que escreveu sobre um tema semelhante em seu livro *Etruscan Roman Remains.* No capítulo dez, Leland discute o tema das Bruxas nascendo de novo dentro de suas próprias linhagens. Aqui ele escreve:

> Existe uma doutrina esotérica bastante obscura, conhecida nas famílias de Bruxas, mas não muito comentada. Quando uma criança nasce, após a devida consulta à sua família, alguma Bruxa muito velha e sábia pode detectar nela por meio de seu sorriso, feições ou expressão, um avô há muito falecido.
>
> LELAND, CHARLES G. *Etruscan Roman Remains.* T. Fisher Unwin, London, 1892).

Na introdução, Leland observa que *"Feiticeiros e Bruxas às vezes nascem de novo em seus descendentes"*.

Leland continua discutindo *"famílias de Bruxas que se unem e se casam"*, o que aumenta a probabilidade de uma ex-Bruxa da família retornar a nascer em sua linhagem. Leland afirma que, ao renascer, a Bruxa fica cada vez mais poderosa. De acordo com Leland, a Bruxa eventualmente segue em frente e se torna um espírito poderoso.

Central para o tema dos mistérios, conforme descrito nos escritos de Gardner e Leland, é o ciclo de nascimento, morte e renascimento. Isso implica que o nascimento é uma porta de entrada para o mundo material, que pode ser acessada muitas vezes. Cada vida é uma oportunidade de ganhar experiência e aprimorar suas habilidades. A morte é uma saída do mundo material de volta ao mundo espiritual. A partir daí, todo o processo pode ocorrer novamente, permitindo que a evolução e a maturidade da alma ocorram ao longo de muitas vidas. Na Bruxaria, não encontramos a crença de que cada pessoa tem uma vida inteira e que, depois disso, sua condição eterna é baseada naquele único tiro.

Para compreender os três grandes mistérios, devemos explorar os conceitos subjacentes a cada um. Assim que tivermos essa visão geral básica, podemos integrar os vários elementos em um todo significativo. Este é essencialmente o propósito de uma Tradição de Mistérios, descobrir o que está por trás da forma externa de expressão, pois é o mecanismo interno que guarda os segredos do Universo.

Nascimento

Nos antigos sistemas de mistério, o Caldeirão simbolizava o nascimento. Uma de suas funções principais era representar o útero da Grande Mãe para fins rituais e mágicos. Conforme observado no capítulo dois, o Caldeirão é o recipiente da transformação. Aqui começa o processo de entrada da alma na dimensão material, onde faz interface com um novo corpo de carne.

Da perspectiva antiga, tudo se originou no Submundo. O Sol e a Lua surgiram do Submundo, cruzaram o mundo dos vivos e então desceram de volta ao reino escuro abaixo. O Submundo era onde o Sol e a Lua "viviam". Eles visitaram apenas brevemente o mundo da humanidade, pois o Sol e a Lua estavam em casa na escuridão. Aqui está refletido o ensino de que a luz reside nas trevas.

Quando estamos em desespero, enfrentamos um sério dilema ou temos que lidar com a dor emocional, voltamo-nos, então, para o centro do nosso ser. É aqui, sozinhos com nossos pensamentos, que entramos na escuridão de nosso próprio submundo e encontramos as respostas, resolvemos os quebra-cabeças e ganhamos iluminação pessoal. Este é o Caldeirão dentro de nós e nos concede transformação, libertação e renascimento.

É um antigo ensinamento oculto que as almas que aguardam o renascimento residem na Lua, o que, claro, é uma metáfora para um Reino Astral. De acordo com os ensinamentos antigos, o Sol (ao cruzar o céu a cada dia) recolhe as almas de todos os que morreram durante a noite. As almas são entregues ao Submundo ao pôr do sol. Em algumas tradições de Bruxaria, encontramos o mito do Deus reunindo as almas dos que partiram e os acompanhando até a Deusa, a cujo cuidado as almas são entregues.

Uma antiga crença sustentava que no Submundo as almas são atraídas para a Lua. Conforme a Lua se enche de almas, sua luz aumenta até que a lua esteja cheia. À medida que as almas renascem de volta ao mundo material, a luz da lua diminui até ficar totalmente escuro e invisível por três dias. Plutarco sustentou uma visão semelhante quando escreveu que as almas "deliberam na Lua assim como os corpos o fazem na Terra, pois a Lua é um elemento deles. De acordo com Peter Kingsley, em seu livro *Ancient Philosophy, Mystery and Magic*, Platão e Pitágoras aludiram às almas que viviam na Lua em vários escritos (o mito de Fédon, de Platão, é um exemplo).

Em um sentido oculto, a Lua é uma metáfora para o Plano Astral, que é uma dimensão não física conectada à dimensão física pelo Plano Elemental. O material do Plano Astral pode ser formado e moldado pela energia da "forma-pensamento" projetada em sua substância. O material astral se moldará de acordo com o pensamento formado e assumirá a forma e a intenção representada. Isso pode ser representado como cera derretida em uma tigela, formando-se ao redor de qualquer objeto que é mergulhado na cera.

Uma vez que a alma entra na substância astral, um corpo de energia é formado em torno dela. A forma, condição, natureza e caráter da alma ditam qual recipiente conterá a alma na próxima vida. A energia da vida mais recente é muito potente e, portanto, muito influente na determinação do tipo de corpo e mente com que a alma trabalhará na próxima vida.

De acordo com os antigos ensinamentos ocultistas, enquanto a alma aguarda o renascimento, ela recebe uma visão geral da vida futura, destacada pelos principais eventos que estão por vir. Isso inclui quem serão os pais e o resultado dessa experiência. Outros eventos, como a pessoa se casar, ter filhos, passar por sérias dificuldades, ter sucesso e assim por diante, também são indicados. No entanto, o livre-arbítrio não é abandonado e a alma pode ou não atingir o objetivo de cada experiência de vida (dependendo das ações ou da falta delas).

Na Tradição dos Mistérios é dito que antes do renascimento a alma é apresentada com o que alguns chamam de "contrato de alma". Isso essencialmente estabelece o que a alma deve realizar durante qualquer experiência de vida física. Pois, como diz o ditado: "Somos seres espirituais tendo uma experiência humana, e não seres humanos tendo arbítrio". Algumas pessoas podem argumentar que a arte das Bruxas de prever o futuro contradiz tal afirmação. No entanto, a adivinhação em si é simplesmente a visão de padrões estabelecidos no Plano Astral, que se manifestarão se nada alterar o curso. A vantagem de ser capaz de prever eventos é que permite ao indivíduo evitar um resultado ou abraçar totalmente sua chegada.

A experiência futura da alma que partiu pode ser auxiliada por meio da energia ritual na Tradição de Mistérios. Em outras religiões, as orações (que são pensamentos fortalecidos pela energia emocional) são oferecidas para o bem-estar da alma que partiu. A efusão de energia positiva é absorvida pela substância astral e fortalece aquelas qualidades harmoniosas com a condição da alma que as recebe.

Os antigos ensinamentos nos dizem que uma alma aguardando renascimento é retirada do Plano Astral por um redemoinho de energia que se forma como resultado da união sexual no plano material. Em outras palavras, quando um casal se envolve em relações sexuais, um vórtice de energia se forma ao redor deles. O vórtice vibra em harmonia com as auras compostas do casal. Almas cujas vibrações espirituais estão em harmonia com a energia do vórtice são então atraídas para baixo na aura composta do casal. Se a concepção ocorre, a alma é ligada ao útero e liberada do Plano Astral.

Vida

Nos antigos sistemas de mistérios, o Pentagrama simbolizava a quintessência da vida e representava o princípio da criação, os quatro elementos Terra, Ar, Fogo e Água equilibrados pela harmonia do espírito. O ponto mais alto do Pentagrama representa o Espírito, cada um dos quatro pontos mais baixos representa um elemento específico e o círculo simboliza o equilíbrio e a harmonia resultando no princípio.

A criatividade é um dos principais aspectos da experiência de vida. Nossa capacidade de criar é derivada da centelha divina de nossa criadora que habita dentro de nós. Para entender melhor, pensemos no artista e em sua criação. Conforme observado anteriormente neste livro, quando um artista esculpe ou dá forma a uma estátua, ou pinta um quadro, algo da natureza do artista entra nisso. Em outras palavras, podemos dizer que a arte reflete o artista, revelando a sua paixão (ou a falta dela) e seu senso de estilo, simetria, linha e assim por diante. Ao examinar e estudar uma obra de arte, pode-se aprender algo sobre o artista. O mesmo pode ser dito estudando a natureza, e aqui podemos aprender e discernir algo sobre os criadores.

Se aceitarmos que nossos criadores trouxeram nossa alma à existência, então também devemos levar a marca daquilo que nos criou.

Dentro de nós, no centro, está a centelha divina dos criadores. Algo da natureza dos Deuses mora em nossas almas. Ao nos alinharmos com esta conexão com a Fonte, nós também podemos criar em uma vasta escala. O Pentagrama, como nosso símbolo, é um lembrete de que somos o espírito na ponta da estrela e podemos colocar os elementos em harmonia e, assim, criar tudo o que imaginamos.

Porque temos livre-arbítrio, também temos a capacidade de alterar o curso de nossas vidas. Isso é um presente e um fardo, porque podemos fazer escolhas que podem mudar a realização da meta em nosso contato com a alma. Portanto, a Bruxa se esforça para obter equilíbrio em sua vida e, por meio de uma visão equilibrada, toma as decisões que afetam sua existência.

É um antigo ensinamento que os poderes de uma Bruxa são fortalecidos e mantidos por meio de uma participação ininterrupta nos oito Sabbats do ano, bem como nos rituais da lua cheia de cada mês. É ensinado que, por meio dessa participação, a Bruxa é banhada pela energia inerente a esses momentos de poder. O efeito cumulativo resulta no alinhamento dos centros dos chacras e da aura com os padrões da Natureza. Uma vez que a Bruxa ressoa com a corrente da Natureza, a ocorrência aleatória é eliminada da sua vida.

A ocorrência aleatória se enquadra na categoria de acidental. Nada é acidental na Natureza, porque todo evento nela tem uma relação de causa e efeito. Portanto, tornar-se mais parecido com a Natureza por meio do alinhamento traz os eventos da vida de uma pessoa para o mesmo padrão ou conjunto de leis. Uma vez que a Bruxa vive de acordo com os Antigos Caminhos, ela pode olhar para sua vida e entender (por meio da reflexão) que tudo que ela está experimentando é resultado de escolhas pessoais ou falta de escolhas. A Bruxa nunca é uma vítima da vida; uma Bruxa é um participante pleno de sua vida.

Importante entender, que a Fonte de Todas as Coisas, ou, podemos dizer, "o Universo", não recompensa ou pune. O que o Universo faz é observar, ouvir e responder. O que quer que digamos por meio de nossos pensamentos e ações, ele então se fortalece com um derramamento de energia equivalente. Portanto, se insistirmos no que não temos ou não queremos, isso simplesmente nos dará mais da mesma carência. Em certo sentido, ele acredita que se estamos gastando tanta energia e tempo focados nisso ou naquilo, então devemos querer tudo o que estamos pensando. Por que outro motivo lhe daríamos tanta atenção?

Naturalmente, o inverso também é verdadeiro. Se gastarmos tempo nos concentrando no que queremos alcançar, o Universo também moverá a energia para a manifestação disso. Um amigo meu uma vez comentou que ele viveu a vida toda dizendo que nunca poderia comprar nada. Essa continuou sendo sua verdade financeira, até que um dia, ele mudou suas palavras para *"Ok, então como posso pagar isso ou aquilo?"* O Universo respondeu à nova energia e ele avançou na vida com o ímpeto de afirmações positivas.

A Bruxa sabe que a Magia está presente em todos os lugares e em tudo. Magia é a energia da potencialidade e pode ser preenchida e moldada com os pensamentos de alguém. Uma vez preenchida (e, portanto, carregada de energia), a Magia deve ser direcionada para um objetivo. Isso pode acontecer tanto em um nível subconsciente quanto em um nível consciente. Portanto, é sempre importante liberar energia mágica com intenções positivas e criativas, em vez de negativas e restritivas.

Armada com o conhecimento da Magia, a Bruxa deve então voltar a descobrir seu propósito na vida atual e seu lugar no esquema das coisas. Esse discernimento é feito por meio do relacionamento com os guias espirituais e suas divindades. Em algumas tradições, isso é chamado de "encontrar a verdadeira vontade de alguém e realizá-la".

Na Tradição oculta, os estágios da vida de uma pessoa são divididos em quatro quartos, que representam a primavera, o verão, o outono e o inverno.

Cada trimestre, que compreende vinte e um anos, começa no Equinócio de Primavera do primeiro ano e termina no Solstício de Inverno do ano passado. Essas são, com efeito, as estações da vida de uma pessoa. A estação da primavera abrange o primeiro ano de nascimento até o vigésimo primeiro ano. A temporada de verão abrange o período dos anos vinte e dois a quarenta e dois. A estação do outono compreende dos anos quarenta e três a sessenta e três. A temporada de inverno envolve dos anos sessenta e quatro até oitenta e quatro.

Morte

Nos antigos sistemas de mistérios, a espiral simbolizava a morte. Um símbolo antigo, que indica uma porta entre os mundos. Em muitos aspectos, ela não apenas denota uma porta, mas também o próprio processo de transformação. A imagem da espiral em forma de cobra sugere que a morte é uma "descamação" da pele de uma pessoa em preparação para o crescimento e a renovação.

Em algumas das seitas de Bruxaria mais antigas, pequenas espirais eram pintadas sobre os mortos com sangue menstrual. O objetivo era conectá-los ao útero e ao sangue do renascimento/renovação. O sangue também tinha a intenção de atrair os mortos de volta para renascer entre seu próprio clã. Essa é, certamente, a base do conceito da Bruxaria de retornar à vida por meio da linha ancestral.

Os primeiros costumes funerários envolviam colocar o corpo nos galhos das árvores (ver capítulo dois). Posteriormente, os corpos foram colocados em cavernas. Por fim, foram colocados sobre galhos empilhados e queimados em um ato de cremação. Isso fez a conexão de volta com o fogo purificador primordial de Vesta e a árvore sagrada com sua conexão com a divindade e com o Mundo Inferior. Com a carne rapidamente retornada aos elementos, a alma estava livre para entrar no Outromundo.

É uma crença em muitas tradições de Bruxaria que, quando uma pessoa morre, sua alma passa para um reino que muitos Bruxos chamam de "País de Verão". Este é um Reino Astral concebido como um lugar de verão eterno. Aqui, a alma descansa, é renovada e então se prepara para a experiência de renascimento. As lendas sobre o País de Verão falam de prados e colinas, com florestas, rios, lagos e riachos. É onde moram todas as criaturas mitológicas do Paganismo, como unicórnios, dragões, centauros, sátiros, ninfas e assim por diante. Isso se deve às formas-pensamento que se manifestaram em resposta a séculos de visualização, crença e narrativa.

De uma perspectiva oculta, uma alma experimentaria o País de Verão de acordo com a visão pessoal dela. A experiência geral, entretanto, seria modificada pelo que muitas Bruxas modernas chamam de "Carma". De acordo com essa perspectiva, uma liberação ou queima da energia negativa acumulada durante cada experiência de vida deve ocorrer para que a alma progrida. Isso prepara a alma para uma experiência de vida nova e menos "contaminada" que está por vir.

Nos casos em que uma pessoa cometeu grandes erros (por exemplo, uma figura como Hitler), as energias cármicas ainda aderem à alma e criam desafios significativos na próxima vida ou mesmo em várias vidas por vir. Esses desafios têm o objetivo de dar à alma a oportunidade de ser purificada e curada, embora a pessoa comum muitas vezes os considere como sofrimentos. Parece razoável que, se devêssemos recordar prontamente nossas vidas passadas, todos o faríamos naturalmente. Como este não é o caso, sugere que não saber faz parte do processo de purificação pelo fogo.

Os Três Planos de Existência

As primeiras referências à existência de três reinos que compõem o Universo aparecem entre os antigos gregos. Hesíodo escreveu em sua *Teogonia,* sobre três reinos chamados "Caos", "Gaia" e "Eros". Desses reinos, a Terra surgiu, assim como os céus e o Mundo Inferior. Hesíodo descreve a sorte inescapável da humanidade designada para a interação dos Deuses e das Forças Cósmicas. Ele também descreve as maneiras pelas quais a humanidade pode progredir por meio de uma série de diretrizes que ele estabelece.

Vale ressaltar, que Hesíodo direciona os ensinamentos aos agricultores, o que sugere uma relação com a Natureza. Ele aconselha as pessoas a serem observadoras da Natureza e a viver de acordo com ela, e adverte:

> Não deixe a primavera cinzenta passar despercebida em seu tempo, nem a chuva em sua estação. Passe pelo ferreiro, faça compras no inverno, onde as multidões se reúnem ao lado do fogo para se aquecer e fofocar. Pois isso afasta o homem de seu trabalho. O inverno pode ser uma época difícil de desespero, não deixe que ele pegue você em necessidade.
>
> Lattimore

Em períodos posteriores, após a época de Hesíodo, os antigos filósofos gregos escreveram sobre quatro reinos místicos. Uma teoria popular os imaginou como quatro mundos pelos quais a alma deve passar. O primeiro reino era o Mundo Material, onde a alma habitava em um corpo de carne e osso. Após a morte do corpo físico, a alma então passou para o Reino Lunar. Aqui, ele assumiu um corpo de luar, um tipo de corpo espectral ou semelhante a um fantasma. Como era o caso no Mundo Material, o corpo lunar acabou morrendo também e passou para o reino do Mundo Solar.

No Reino do Sol, a alma entra em um corpo de fogo etérico, chamado "corpo solar". Este fogo forjou a alma inteira em preparação para o corpo final que o aguardava no próximo e último reino. Assim que o corpo solar morria, a alma entrava no Reino dos Céus Estrelados. Aqui, ele assumiu um corpo de luz estelar e então passou para um dos Mundos Celestes que estava em harmonia com o espírito da alma. No Reino Estelar, a alma existia por toda a eternidade, habitando uma comunidade de almas.

Na religião celta, os druidas supostamente ensinaram o conceito de um universo de três reinos, que era frequentemente representado na imagem de três círculos concêntricos. Esses reinos eram chamados de "Annwn", "Abred" e "Gwynvyd". Annwn (o Submundo galês) é descrito como "o Caldeirão Primordial da forma", do qual toda a vida flui para Abred (ver gráficos a seguir). Em Abred, cada alma experimenta a vida em todas as formas físicas, do mais baixo ao mais alto. Quando uma alma atinge a forma humana, ela tem a oportunidade de entrar no reino de Gwynvyd, que é o chamado "Mundo Celestial". Se não conseguir alcançar Gwynvyd, a alma volta a renascer dentro de Abred. Se tiver sucesso, a alma então sobe por uma série de mundos superiores dentro do Reino de Gwynvyd.

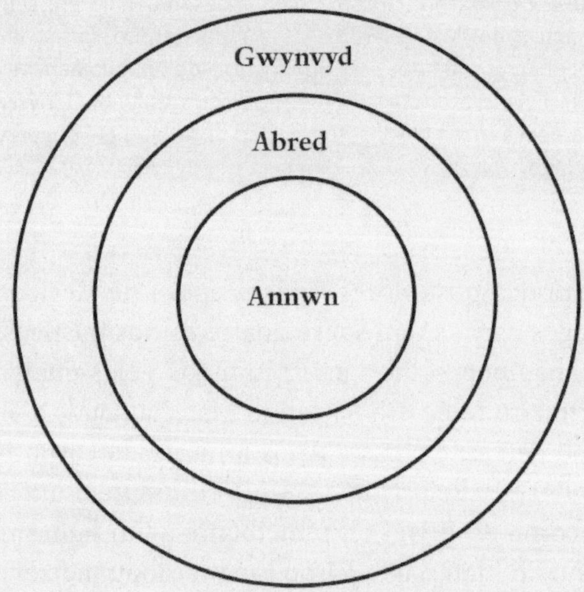

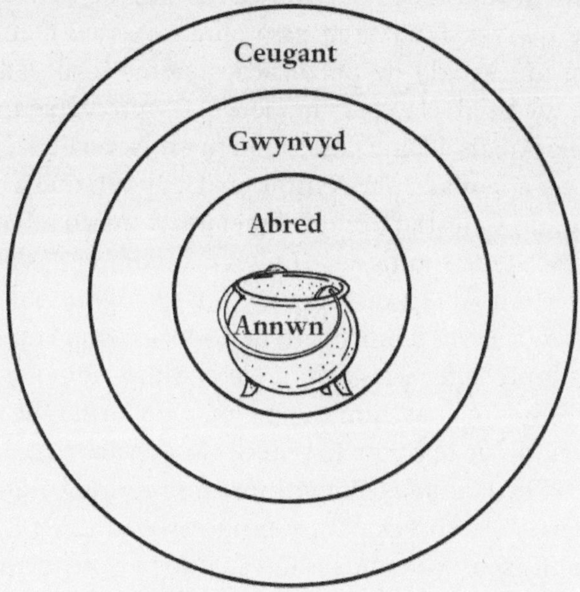

Atribuição antiga

Ao redor dos três reinos está a esfera de Ceugant, que é o reino da divindade onde apenas ela pode habitar.

Atualmente, existe um desacordo sobre a atribuição dos reinos celtas. Um antigo trabalho conhecido como o *Barddas* retrata Abred no círculo central cercado por Gwynvyd, que está rodeado por Ceugant. Annwn está ausente do acordo como um reino separado. *The Book of Dwyfyddiaeth* (da mesma época dos *Barddas*) contém uma passagem conflitante a respeito da ordem dos reinos. Isso sugere que Abred e Annwn são dois reinos separados, então lista Gwynvyd, mas não inclui Ceugant[22]. Isso criou alguma confusão a respeito da visão celta dos planos.

A maioria dos estudiosos modernos tenta retificar a ordem colocando Annwn no Círculo de Abred (o Plano Terrestre, onde as almas trabalham fora da impureza que está ligada a elas). O Círculo de Gwynvyd é então o próximo na ordem e é concebido como um lugar onde os espíritos "justos residem, chamado Reino do Céu. Em seguida, ao redor de Gwynvyd é colocado o Círculo de Ceugant.

22. Lattimore.

Na ordem revisada, Annwn fica na base de Abred e gera almas no mundo dos vivos. Em Abred, essas almas reencarnam muitas vezes, até obterem um estado de purificação que as torna adequadas para entrar em Gwynvyd. Na visão moderna, Gwynvyd se torna um reino de níveis pelos quais a alma passa em um processo que a purifica ainda mais e a torna adequada para entrar em Ceugant, que é então descrito como o "Mundo Celestial", onde alguém está unido à Fonte.

Nos textos mais antigos, Annwn é a morada das almas, que não podem entrar em Abred ou Gwynvyd. Isso sugere que sua condição espiritual os liga a este reino, mas o período de tempo envolvido parece ausente nas fontes literárias celtas. No entanto, como os escritos mais antigos indicam que as almas podem reencarnar de Annwn para Abred, o período de tempo não parece ser eterno.

No texto dos *Barddas*, encontramos um conjunto de ensinamentos que estabelecem diretrizes para o progresso da alma. De acordo com os ensinamentos, os humanos estão sujeitos a sofrimento, mudança e escolha. Homens e mulheres podem se apegar a objetos e situações no Plano Físico, ou podem se libertar dessas coisas como quiserem. Isso implica que é o próprio apego que faz com que a alma retorne a Abred.

No Reino de Gwynvyd, a alma passa para um estado de esquecimento, que remove a recorrência casual do apego ao Reino de Abred por meio da lembrança de uma vida anterior. Diz-se que em Gwynvyd não há lembrança de tristeza. Nos reinos inferiores de Annwn e Abred, a tristeza era necessária para que a alma progredisse e fizesse as mudanças e modificações necessárias na vida.

De acordo com os antigos ensinamentos, os humanos podem recorrer a Abred muitas vezes em sua busca por Gwynvyd. Este é um processo de purificação que prepara a pessoa para o estado de espiritualidade necessário para permanecer nas dimensões superiores da existência não física. Para chegar a Gwynvyd, é preciso ter experimentado todas as coisas e se livrar das limitações que causavam o apego na existência física.

Também é ensinado que se deve reter o conhecimento dessas existências anteriores. Isso parece contradizer o conceito de "esquecimento da tristeza" em Gwynvyd. No entanto, o ensinamento significa que a pessoa se lembra sem a resposta emocional. Recordar a dor e a tristeza evocada na vida passada de uma pessoa não a faz experimentar o mesmo nesta vida pela simples lembrança.

Os Sete Planos do Ocultismo Moderno

Como a Bruxaria é uma religião que evoluiu ao longo do tempo e ainda está nesse processo, encontramos conceitos adicionais extraídos de fontes e culturas externas. Uma das adições mais profundas é a do ocultismo ocidental, que possui alguns elementos ecléticos.

Na visão oculta ocidental do Universo, existem sete planos que compreendem a criação, chamados, em ordem do mais alto ao mais baixo, de "Supremo", "Divino", "Espiritual", "Mental", "Astral", "Elemental" e "Material". Cada um deles existe como uma série de estados vibratórios de existência, ocupando o mesmo espaço, mas funcionando como reinos separados devido à sua natureza única.

O Plano Supremo é o que pode ser chamado de "reino incognoscível". Está além da nossa compreensão e é essencialmente a fonte da qual todas as coisas surgiram. Que este plano existe e é a fonte, é tudo o que pode ser dito sobre ele, exceto que deu origem à divindade.

O Plano Divino. Foi aqui que a própria divindade tomou consciência de sua própria existência. É aqui que existem os arquétipos de todos os Deuses e Deusas. É o reino da consciência e das atividades divinas.

O Plano Espiritual segue em ordem e é a morada dos "seres de luz". Neste plano, seres altamente evoluídos, que não estão mais presos à "Roda do Renascimento", passam a habitá-lo. Dependendo do sistema de crença religiosa, tais seres são frequentemente chamados de "mestres ascendentes", "guias espirituais", "anjos", "arcontes", e assim por diante.

O Plano Mental é o reino das imagens puramente coesas geradas dos planos superiores (embora também possa receber imagens dos planos inferiores, de acordo com a perícia da Bruxa). O pensamento divino se derrama no Reino Mental, que então envia uma onda descendente através dos planos inferiores e, finalmente, no material.

O Plano Astral é onde as imagens mentais (de cima ou de baixo) se enraízam na substância etérica deste reino.

A substância astral envolve a imagem e a torna uma forma. Isso pode ser comparado à pintura em spray de um objeto de cristal transparente, por exemplo, a estátua de um cavalo. A pintura realça o detalhe da imagem e lhe dá dimensão. O que quer que se enraíze com sucesso no Plano Astral acabará por se manifestar na dimensão física.

O Plano Elemental (também conhecido como "Plano de Forças") carrega impressões de energia de e para o Plano Astral. As imagens que se formaram com sucesso no material astral são atraídas pelo magnetismo para a corrente elemental, que traz a imagem para o Mundo Material. Tudo em uma cadeira na qual você pode estar sentada para ler este livro era apenas uma imagem de seu criador.

O Plano Material é a dimensão vibratória mais baixa dos sete planos. Sua vibração é tão baixa que as coisas se tornam aparentemente sólidas na dimensão material. Este livro, por exemplo, parece um objeto sólido, mas na realidade é uma massa de átomos unidos por energia química. Entre cada átomo existe um espaço, portanto, tecnicamente, o livro não é realmente um objeto sólido. De uma perspectiva oculta, o Mundo Material é uma ilusão que une as coisas em aparências. Para a Bruxa, é claro que a forma externa protege a verdade interna dos sentidos físicos.

Agora que exploramos os Três Grandes Mistérios e ponderamos os reinos que estão além do mundo dos vivos, é hora de nos voltarmos para a própria fonte. Vamos abrir o próximo capítulo e examinar de perto o conceito de Deus e Deusa, bem como os muitos espíritos que habitam neste mundo e no próximo.

10

DIVINDADES E ESPÍRITOS

As limitações do estado atual de nossa condição humana nos impedem de realmente conhecer e compreender o que pode ser chamado de "A Fonte de Todas as Coisas". Como raça, temos vislumbres disso e tentamos capturá-lo na criação de mitos, lendas e conceitos teológicos elevados.

Na história de nossa raça, adoramos tudo, desde árvores até a personificação do Divino em forma humana. Nos tempos antigos, o Divino apareceu em imagens chamadas de "Deuses" e "Deusas". Hoje, muitas pessoas personificam o Divino como um ser singular chamado "Deus".

Como observado anteriormente neste livro, muitas Bruxas modernas acreditam que a Fonte Divina é composta de polaridades ou aspectos masculinos e femininos. Na tentativa de entender melhor a Fonte Divina, as polaridades são rotuladas como "Deusa" e "Deus" e cada uma é dividida em vários aspectos e naturezas atribuídos a uma variedade de Deuses e Deusas. O objetivo é revelar uma melhor compreensão do todo, examinando suas partes.

As formas de divindades encontradas na Bruxaria evoluíram a partir de conceitos associados às antigas sociedades de caçadores coletores. Para nossos ancestrais, o mundo era um lugar de mistério e as forças da Natureza pareciam dirigidas por algo consciente. Acredita-se que Deuses e espíritos estejam por trás dos fenômenos de tempestades, terremotos, mudanças sazonais e os ciclos do Sol e da Lua. De forma particular, os céus, com as nuvens, Sol e Lua se movendo e as estrelas enchendo o céu noturno, pareciam outro reino acima do mundo da humanidade.

Muitos dos primeiros Deuses eram divindades associadas aos topos das montanhas e às árvores altas, ambas alcançando o céu. À medida que os humanos se tornaram "civilizados", seus conceitos de divindade começaram a amadurecer, portanto, suas imagens de divindades também amadureceram. Um exemplo é o Deus da montanha, Yahweh, que mais tarde evoluiu para se tornar a figura de Jeová, o Deus hebreu do Universo.

As primeiras imagens que parecem sugerir divindades são pássaros esculpidos na rocha ou pintados nas paredes. A mais antiga dessas imagens de pássaros tinha forma feminina e sugeria a natureza. Talvez a associação dos pássaros com o céu sugerisse um vínculo com o divino. Com o desenvolvimento da mitologia, os pássaros começam a aparecer como companheiros e servos de Deuses e Deusas como Atenas, Odin, Zeus, Bran, Nantosuelta, Badb, Macha, Brigit e uma série de outros. As primeiras imagens de pássaros do período Neolítico representavam principalmente aves aquáticas, porém, mais tarde, a águia, o corvo, o falcão, a garça, o ganso e o cisne se tornaram os personagens principais.

Durante o período de caçadores-coletores da sociedade humana, as criaturas da floresta assumiram grande significado simbólico. Tão poderoso foi o impacto da natureza e do caráter de vários animais, que eles apareceram com destaque em contos de fadas, lendas e folclore. Mesmo hoje, os personagens de animais desempenham um papel significativo em muitos filmes populares, especialmente aqueles produzidos pela Disney.

A própria noite, e suas criaturas noturnas, deram origem a muitas imaginações para os primeiros humanos. Os chamados "seres sobrenaturais" que aparecem na tradição cultural foram concebidos na escuridão da noite e representavam tanto os medos quanto os desejos que nossos ancestrais primitivos mantinham. A Lua e as estrelas, elas próprias "criaturas" da noite, passaram a ser associadas à essência do que se pensava ser místico e sobrenatural.

Em última análise, a palavra "lua" é derivada do indo-europeu *mim*, o que significa (entre outras coisas) uma "qualidade da mente", bem como uma "medição". O grego *metis* (sabedoria) e o antigo alto alemão *muot* (mente ou espírito) compartilham a mesma palavra raiz para lua. A palavra para estrela em latim é *astrum*, do qual é derivado o termo moderno "astral", que significa, literalmente, "semelhante à estrela", muito parecido com a palavra "asterisco", que significa "em forma de estrela" e é derivado do latim *aster* (estrela).

A Lua é conhecida por influenciar o ciclo menstrual das mulheres, razão pela qual as palavras "menstrual" e "lua" compartilham uma relação com a palavra raiz *mensis* (significando "mês"). Existem muitas relações entre sangue, útero, renascimento e imagens da Deusa emergindo durante o período Neolítico e continuando em períodos posteriores, mas mesmo no período Paleolítico, os símbolos da lua, útero e Deusa (em forma de pássaro) estavam conectados.

Os cemitérios pré-históricos revelam restos de esqueletos manchados de "ocre vermelho", assim como objetos pessoais que se presume pertencerem à pessoa morta. Os indivíduos eram enterrados em posição fetal voltada para o quadrante Leste, que é onde a lua retorna a cada noite. Isso sugere à mente moderna, o tema da morte e renascimento conectado ao sangue e à Lua. Conforme observado anteriormente neste livro, a Lua há muito está ligada às almas dos mortos e ao Mundo Inferior.

Uma raça misteriosa que vivia no que hoje é o norte da Itália, os antigos etruscos, acreditavam que a Lua era uma Deusa viva. Alguns antropólogos, como a falecida Marija Gimbutas, acreditam que os etruscos eram os herdeiros da religião Neolítica da Velha Europa. Há uma abundância de arte Neolítica que une formas femininas com símbolos lunares. Isso levou muitas pessoas a acreditar que nossos ancestrais Neolíticos adoravam a Deusa em conexão com a Lua.

A Deusa

A forma da Deusa na Bruxaria está associada ao simbolismo da Lua, às estações do ano e aos ciclos de morte e renascimento. Na Bruxaria Moderna, a Deusa é concebida como uma Deusa Tríplice que compreende os aspectos de Donzela, Mãe e Anciã. Cada uma delas é marcada por uma fase da lua. A lua crescente simboliza a Donzela, a lua cheia representa a Mãe e a minguante representa a Anciã.

A imagem da mãe passou a ser associada à lua, em parte, devido às semelhanças entre o "aumento" da Lua e seu declínio subsequente e as mudanças no corpo da mulher devido à gravidez. A imagem da Mãe é talvez a mais poderosa e certamente a mais duradoura de todos os tipos de Deusa. Ela é a totalidade de tudo o que é feminino. A Mãe é o vaso por meio do qual todas as coisas entram no mundo. Ela governa a fertilidade dos animais, humanos e toda a vida existente no mundo. Um de seus títulos mais antigos é "a Senhora das Feras", pois suas primeiras imagens incluem a Deusa com uma variedade de animais.

Assim como se acreditava que a Deusa daria vida, ela também a recebia de volta para si mesma. Isso levou alguns a dividir a imagem da Deusa em duas polaridades: "a Grande Mãe", que exerce poder sobre a vida e o nascimento, e "a Mãe Terrível", brandindo poder sobre a morte e a destruição. Disto surgiu a imagem do útero gerador de vida da Terra e o símbolo oposto da boca devoradora do Mundo Inferior. É a partir dessa conexão que a Deusa Mãe assumiu os aspectos do poder da luz e das trevas.

O aspecto de Anciã fica oposto à imagem da Mãe, pois a fertilidade física já não faz mais parte de seu campo de ação. A Velha simboliza o acúmulo de sabedoria e o papel de conselheira. Em muitas Tradições, a figura da Velha é também a de "Guardiã do Submundo", que escolta os mortos para o Outromundo.

Já o aspecto da Donzela dentro das formas da Deusa representa sua natureza jovem e independente. Onde a Mãe está ligada à família e a Anciã à comunidade, a Donzela é livre para explorar o Mundo Exterior e encontrar sua própria expressão. Ela às vezes é retratada na arte como uma jovem caçadora carregando um arco. O arco reflete sua conexão com a Lua (em forma de meia-lua) e sua busca revela a força motriz de sua aventura pessoal.

O Deus

A forma divina na Bruxaria está associada ao simbolismo do Sol e das estações do ano. Luz, fertilidade, morte e renascimento são todos temas relacionados ao Deus. Algumas das imagens mais antigas de um Deus aparecem na arte antiga como uma figura masculina usando chifres de veado, ou algum outro animal com chifres.

Para as primeiras sociedades de caçadores, animais com chifres, como o cervo, por exemplo, forneciam comida, roupas e ferramentas feitas com chifres. O cervo se tornou um símbolo do "Grande Provedor", um conceito inicial da imagem do Deus-Pai. Entre os primeiros grupos de caçadores, surgiu um conceito conhecido como "a aliança sagrada entre o caçador e a caça".

Essa aliança consistia em um "acordo" imaginado entre o ser humano e o animal morto, no qual ele tinha a garantia de uma nova vida em troca de seu corpo. Para conseguir isso, os caçadores usavam os chifres do animal (seja como joia, seja como chapéu). Com essa noção primitiva de uma conexão mágica, o cervo era animado e revivia.

Mediante a sua conexão com o cervo, o Deus era conhecido como "o Senhor da Floresta". Ele foi chamado por vários nomes em muitas regiões da Europa. Para alguns, ele é Cernunnos, Herne, Dianus, Silvano, Hu Gadarn, Dionísio, Puck e Baco, entre outros. Como um Deus de chifres, ele representa o princípio fecundador da fertilidade, virilidade, vitalidade bruta, força e proteção.

À medida que os humanos começaram a se estabelecer em uma sociedade agrária, a imagem do Deus evoluiu de acordo com as necessidades das pessoas. O Deus com chifre de veado dos habitantes da floresta se tornou o Deus com chifre de touro dos pastores e, mais tarde, o Deus com chifre de cabra dos fazendeiros. À medida que as pessoas se tornavam mais dependentes da agricultura, o Senhor da Floresta foi transformado no Senhor da Colheita. Nessa época, ele era conhecido por nomes como *Green George, Jack-in-the-Green, Haxey Hood e John Barleycorn.*

Às vezes, ele é chamado de "Deus morto" ou "o Deus que se sacrifica pelo bem-estar de seu povo". O papel do Deus como o "Grande Provedor" exige que sua vida seja tirada, caçada como cervo ou colhida como grão. O conceito do Deus morto descreve a essência vital da divindade que habita em um recipiente material, que é colocado no solo para renovar a fertilidade da terra. Este era o sangue do Deus com chifres ou a semente do Deus que estava encapuzado no verde (o Senhor da Colheita). Com o estabelecimento da sociedade agrícola, o sacrifício de plantas substituiu o de animais da sociedade de caçadores coletores.

A importância do calor e da luz do sol para uma sociedade agrícola é significativa. É por isso que os períodos de solstício e equinócio foram de grande importância. A Lua há muito era associada à figura da Deusa, e o Sol tornou-se Deus e consorte. Os mitos solares foram ligados ao Deus e, como uma figura composta na Bruxaria, ele apareceu como uma divindade com chifres (geralmente com chifres de veado) que não era apenas o Senhor da Floresta, mas também um herói solar identificado com o personagem Senhor da Colheita.

Antigamente, as pessoas acreditavam que o Sol renascia no dia do Solstício de Inverno. Para reconhecer sua vida eterna, a árvore perene tornou-se um de seus símbolos poderosos durante o inverno. As coroas simbolizavam o ciclo sempre repetido de seu nascimento, morte e ressurreição. Oferendas eram colocadas e tochas acesas para encorajar o retorno de sua luz e calor.

Como a imagem do Deus na Bruxaria evoluiu ao longo dos séculos, absorvendo vários elementos do folclore e das crenças da Magia popular, ele exibe muitas características. Um aspecto importante do Deus é sua conexão com o Submundo. Para nossos ancestrais, parecia que o Sol nascia todos os dias sob a terra. Ele voltava lá no final de cada dia também. Portanto, acreditava-se que o Sol estava em casa, no Submundo.

A conexão do Submundo com Deus completa sua imagem e o estabelece como o Senhor dos Mortos. Como o Deus Sol, ele é o Senhor da Vida, e como o Senhor da Colheita, ele é o Deus Morto que renova a vida por meio de sua própria morte.

A Criança da Promessa

Em sua forma mais popular, a Criança da Promessa é o Deus Sol renascido que reinará no ano seguinte. Ele morre na época da colheita e renasce na manhã do Solstício de Inverno. O Deus atinge a adolescência na primavera e sua masculinidade na manhã de 1º de maio, no Hemisfério Norte. No verão, ele é o consorte formal da Deusa.

O princípio da Criança da Promessa não se limita à teologia mítica da Bruxaria e é encontrado em diferentes formas tanto no ritual quanto na Magia. Em um nível, a Criança da Promessa é a garantia do ano que se aproxima e a renovação associada a novos começos. Em outro nível, a Criança da Promessa é a manifestação dos desejos e vontades de alguém, mas na essência está o antigo espírito do Reino Vegetal.

A adoração de árvores parece estar entre os primeiros atos religiosos "formais" realizados por humanos. Os elementos da adoração das árvores incluem a figura do "Homem Verde", espíritos conhecidos como "dríades" e várias divindades conectadas ao carvalho e outras árvores sagradas. Por fim, os espíritos e divindades das florestas e dos bosques de nossos ancestrais caçadores-coletores foram venerados nas safras sazonais da sociedade agrária.

No norte da Europa, figuras conhecidas como "Rei do Azevinho" e "Rei do Carvalho" surgiram como personificações das forças da Natureza e dos espíritos do Reino das Plantas. O Rei do Carvalho representa as forças crescentes da Natureza, e seu reinado começa no Solstício de Inverno. Isso é conseguido ao derrotar seu irmão, o Rei do Azevinho, em um combate ritual. O Rei do Azevinho simboliza as forças da Natureza em declínio. No Solstício de Verão, ele derrota o Rei Carvalho e reina até o Solstício de Inverno.

As plantas perenes associadas à temporada de Yule são símbolos da "Criança da Promessa", que é o futuro Homem Verde e o Deus Sol. A coroa de Yule simboliza a roda ininterrupta do ano, a promessa do ciclo infinito da vida. O ramo de azevinho e seus frutos vermelhos falam da vitalidade e tenacidade da vida. O visco, como um símbolo de liberdade e libertação, anuncia o fim da escuridão que se esvai e o retorno dos poderes da luz crescentes. A pinha, como portadora da semente, talvez seja o melhor símbolo da Criança da Promessa em sua forma potencial.

O Homem Verde

Uma das imagens do Deus como Senhor do Reino das Plantas é a figura conhecida como "Homem Verde". Ele é o espírito de crescimento e renovação, a inteligência habitando nos prados, campos e florestas. A representação mais antiga da imagem clássica do Homem Verde aparece no século 5 AEC, em um artefato chamado "Pilar de São Goar". A imagem esculpida em pedra é uma mistura da arte etrusca com o estilo celta da cultura La Tène.

Na Bruxaria, o Homem Verde está associado aos antigos ensinamentos de mistério da agricultura que incorporam metáforas para transmitir ensinamentos ocultos. Nos ensinamentos de mistério, o Homem Verde está associado à essência da intoxicação, que é tanto física quanto espiritual. A substância mais comum usada na tradição dos mistérios era o vinho ou a cerveja, que são bebidas feitas de uvas ou grãos. Também era conhecido o uso de plantas alucinógenas, como cogumelos e fungos ergotamínicos (não raro encontrados em grãos).

Os antigos acreditavam que o espírito da planta causava a sensação de intoxicação. Uma vez consumida, a entidade liberava seu poder, que era a essência transformadora do espírito que residia na planta. Consumir a natureza do espírito da planta (Homem Verde/ Senhor da Colheita) era se tornar um com seu espírito. Esta é a base do "Rito de Comunhão" encontrada em muitas religiões (antigas e novas).

As primeiras formas divinas dos mistérios agrícolas estão associadas ao surgimento e à morte da vegetação, o que reflete os ensinamentos da transformação. Os princípios ocultos relacionados com a reencarnação e transmigração são encontrados nos ciclos de vida do Reino Vegetal. As estações do ano (marcadas pela Roda do Ano) são amplificadores e sinalizadores dos poderes místicos do Homem Verde em ação nos campos e nas florestas. O objetivo dos ensinamentos dos mistérios agrícolas era ligar o indivíduo ao mito do Deus que morre e retorna (o Senhor da Colheita). Esta conexão garantiu a "salvação" das forças da morte e aniquilação.

O mito do Senhor da Colheita é encontrado na história da paixão do linho e do Deus moribundo. O tema é colocado no plantio da semente e sua luta para brotar da terra. Isso é seguido por sua resistência aos elementos à medida que cresce até a plenitude. No início, é arrancado do solo e sujeito a esbagoamento, encharcamento e torragem. Eventualmente, é penteado com pentes e espinhos, fiado em linha e tecido em linho. Por fim, é cortado e perfurado com agulhas e, em seguida, semeado em tecido. Aqui está a essência do sacrifício do Senhor da Colheita pelo bem-estar de seu povo.

Os Espíritos Elementais

Na Bruxaria existe a crença em certos espíritos que auxiliam a Natureza no processo de renovação e manutenção da Terra. As Bruxas personificam essas forças rotulando-as de "espíritos com propriedades elementais". Os poderes criativos dos espíritos elementais são evocados pelas Bruxas para fortalecer os círculos de reunião usados para fins rituais e mágicos.

Uma das primeiras referências às Bruxas trabalhando com espíritos elementais aparece no *Compendium Maleficarum*, publicado em 1608 e escrito por um monge ambrosiano, chamado Francesco Guazzo. Aqui, Guazzo escreveu que as Bruxas "tratam" com espíritos do Fogo, do Ar, da Terra e da Água[23].

Em uma Tradição oculta de longa data, os espíritos elementais são conhecidos como gnomos, silfos, salamandras e ondinas. De acordo com esses ensinamentos, os quatro elementos primários da Terra, Ar, Fogo e Água consistem tanto em uma forma de espírito vaporosa quanto em uma substância material tangível. Cada um deles existe em dimensões separadas, que algumas pessoas chamam de "Mundo Físico" e "Mundo Sobrenatural".

Dentro do Mundo Sobrenatural, os seres elementais ocupam suas próprias regiões elementais. Ensinamentos ocultistas atribuem gnomos à Terra, silfos ao Ar, salamandras ao Fogo e ondinas à Água. Seres elementais são considerados criaturas de uma única natureza, relacionadas inteiramente à propriedade de seu elemento correspondente. Assim como os peixes são criaturas da Água e os pássaros são criaturas do Ar, cada elemental é único em forma e função de uma maneira apropriada ao seu ambiente elemental.

Os GNOMOS habitam o material elementar da dimensão espiritual da Terra, que é a contraparte metafísica da substância material. Suas ações afetam a presença e a qualidade dos depósitos minerais, a erosão da rocha e a formação de cristais e outras formações geológicas. Os gnomos geralmente aparecem para os humanos como anões.

---

23. Guazzo, Francesco Maria. *Compendium Maleficarum* (Dover, New York, 1988).

Os silfos habitam a substância elementar da atmosfera, que é o meio espiritual do ar que envolve nosso planeta. Sua atividade afeta a formação de nuvens, a formação de flocos de neve e o crescimento e maturidade de todas as plantas. Os silfos geralmente aparecem para os humanos como fadas.

As salamandras habitam a substância elementar do Fogo. A atividade das salamandras tem um efeito profundo no processo de criação e manutenção da temperatura. É por meio de sua atividade que o fogo existe e pode ser usado pela humanidade. As salamandras costumam aparecer para os humanos na forma de pequenos lagartos que se movem rapidamente.

As ondinas habitam a substância elementar das águas do Planeta, seja na forma líquida ou vaporosa. A atividade das ondinas causa a formação de água e sua coalescência. A presença de ondinas purifica a água e ajuda a mantê-la viva. As ondinas frequentemente aparecem para os humanos como sereias.

Os Vigilantes

Na Bruxaria, existe uma crença em uma raça espiritual de seres conhecidos como "Vigilantes" que guardam e protegem os Portais de e para o Outromundo, estabelecidos nos quatro pontos cardeais Norte, Leste, Sul e Oeste. Em cada um dos quatro pontos está o que as Bruxas chamam de Torre de Observação, que serve como o local onde os Vigilantes se reúnem quando os círculos de reunião ritual são lançados.

Embora os Vigilantes agora pareçam ser vistos como uma raça altamente evoluída que habita na dimensão espiritual, suas origens na Tradição e na lenda estão enraizadas em sistemas de crenças primitivas. Ao longo dos séculos, eles evoluíram de simples guardiões de terras alocadas, para seres semelhantes a anjos e guardiões de portais dimensionais.

Os primeiros traços claros dos Vigilantes aparecem na religião romana arcaica, derivada das crenças etruscas. Nos primeiros dias, Roma era pouco mais do que uma pequena comunidade agrícola localizada dentro do Império Etrusco. Os lotes de terreno eram alocados em quadrados e um espírito conhecido como *Lare* protegia cada lote. Pequenas torres eram construídas na encruzilhada, e um altar era colocado diante delas no qual as oferendas eram realizadas.

Na religião romana arcaica, os espíritos guardiões, chamados *Lares*, eram associados a essas torres e à demarcação em geral, bem como aos temas sazonais relacionados à agricultura. Com o passar do tempo, o *Lare* foi removido dos campos e venerado nas casas, onde se tornou um espírito ancestral e um protetor da lareira e do lar.

O termo "Vigilantes" também foi usado nos primeiros cultos estelares da Mesopotâmia. Neste sistema apareceram "quatro estrelas reais" (conhecidas como "Senhores"), que foram chamadas de "Vigilantes". Cada uma dessas estrelas governou sobre um dos quatro pontos cardeais comuns à Astrologia. A Estrela *Aldebaran* (quando marcou o Equinócio Vernal) ocupou a posição de Vigilante do Leste. *Regulus* (marcando o Solstício de Verão) era o Vigilante do Sul. *Antares* (marcando o Equinócio de Outono) era o Vigilante do Oeste. *Fomalhaut* (marcando o Solstício de Inverno) era o Vigilante do Norte.

Nos mitos das estrelas, os próprios Vigilantes eram descritos como Deuses que guardavam os Céus e a Terra. A natureza dos Vigilantes (bem como seu status) foi alterada pelos sucessivos cultos lunares e solares que substituíram os antigos cultos estelares. Por fim, os gregos reduziram os Vigilantes aos "Deuses dos quatro ventos" e os chamaram de "Bóreas", "Eurus", "Notus" e "Zéfiro".

Teólogos cristãos, em suas tentativas de desacreditar as crenças Pagãs, designaram os Vigilantes a uma classe maligna de anjos caídos, conhecida como "Principados do Ar". As primeiras seitas hebraicas místicas organizaram os Vigilantes em uma hierarquia de Arcanjo. De acordo com este sistema, eles eram governados por quatro grandes Vigilantes conhecidos como "Miguel, Gabriel, Rafael e Auriel".

No Antigo Testamento (Daniel 4: 13-17), há referência aos Irin/ Vigilantes, que parecem ser uma ordem de anjos. Na tradição hebraica primitiva, os Irin eram uma alta ordem de anjos que faziam parte do Conselho de Julgamento Supremo da Corte Celestial. Nos livros apócrifos de Enoque e Jubileus, os Vigilantes foram enviados à Terra para ensinar lei e justiça à humanidade. São esses mesmos anjos que são chamados de "Filhos de Deus" no livro do Gênesis.

Richard Cavendish, em seu livro *The Powers of Evil*, sugere que os gigantes mencionados em Gênesis 6:4 podem ser Deuses primitivos conhecidos como os "Titãs" da mitologia grega, o que ele sugere que compartilham um relacionamento com os Vigilantes. Cavendish observa uma crença antiga de que as estrelas eram os "olhos da noite" e teoriza que o título "Os Vigilantes" é derivado desse conceito antigo[24].

Embora os conceitos estrangeiros que examinamos aqui sejam interessantes, eles estavam ausentes do pensamento europeu até que a influência dos conceitos do Oriente Médio chegou, quando o comércio formal foi estabelecido entre as duas regiões. Na Europa antiga, o termo "Torre de Observação" tinha dois significados. O primeiro referia-se a uma estrutura física, tipicamente anexada a um castelo ou qualquer fortificação. O segundo referia-se a uma unidade militar de combate, que defendia cidades e aldeias, enquanto o exército estava ausente em guerra (semelhante à função da Guarda Nacional moderna).

A raça dos elfos e das fadas

De acordo com a tradição antiga, os elfos são uma raça ancestral que antecede o aparecimento dos humanos na Terra. No mito e na lenda, os elfos têm inteligência superior e são altamente qualificados nas artes mágicas. Eles também possuem conhecimento secreto das artes da cura e têm sentidos físicos e psíquicos aguçados.

Parece haver uma crença universal e atemporal na existência de seres que não são Deuses ou espíritos, e que são semelhantes de muitas maneiras para os humanos. Embora compartilhem uma semelhança de forma com os humanos, esses seres exibem poderes e atributos bem diferentes daqueles da humanidade. Esses seres têm sido chamados de "Raça Élfica" por muitos séculos. Para uma investigação mais aprofundada da raça das fadas, meu livro, *The Wiccan Mysteries*, contém material relacionado a esses seres misteriosos[25].

Folcloristas usam o termo élfico para designar fadas, gnomos, elfos, leprechauns, duendes, ninfas e outros seres semelhantes. Todos

24. Cavendish, Richard. *The Powers of Evil* (New York: G. P. Putnam's Sons, 1975).

25. Grimassi, Raven. *The Wiccan Mysteries* (Llewellyn Worldwide Ltd., St. Paul, Minn., 1997).

esses, os chamados "seres sobrenaturais", são classificados em três categorias: "Elfos da Luz", "Elfos Negros" e "Elfos do Crepúsculo".

Elfos da Luz têm a habilidade de mudar de forma e cruzar à vontade entre as dimensões de tempo e espaço. Os Elfos Negros estão associados a locais subterrâneos, como tocas, montes, cavernas e assim por diante. Elfos do Crepúsculo são aqueles seres ligados à Natureza por meio de árvores, prados, campos, sebes, montanhas, lagos e riachos.

Alguns folcloristas apontam para uma conexão interessante entre os velhos contos de encontros humanos com fadas e contatos contemporâneos com alienígenas de outros mundos. Em ambos os casos, há relatos de luzes misteriosas, pequenas criaturas semelhantes aos humanos, com características estranhas (e muitas vezes com pele verde), abdução física e perda de tempo e de memória. Alguns antropólogos sociais sugerem que esse "fenômeno" existe desde o início e que cada geração cria um mito para explicá-lo. Portanto, para a mente medieval, essas criaturas eram fadas, e para a mente moderna, são seres extraterrestres. Se tais criaturas existem, então o que são? Não existe um acordo unificado comum entre as Bruxas.

Nossos ancestrais agrários acreditavam que as fadas viviam sob os montes da terra. Visto que as sementes foram para o solo e as plantas brotaram de debaixo do solo, surgiu a crença de que a raça oculta dos seres controlava a fertilidade da terra.

Alguns reis, como o rei Olaf (cerca de 1031 EC), acreditavam que tinham linhagens élficas. No mito do Rei Arthur, o bem-estar do rei está ligado ao bem-estar da terra. Aqui vemos uma conexão interessante entre fertilidade, realeza e a Raça Élfica.

A importância da terra e a garantia da fertilidade do Reino das Plantas estão no cerne das relações humanas e das fadas. Isso é demonstrado nas estações consideradas "sagradas" para a Raça das Fadas e nos ritos sazonais observados pelas Bruxas modernas. Essas temporadas correspondem às da Roda do Ano, também conhecidas como "os Sabbats das Bruxas".

Vamos agora para o próximo capítulo para examinar os rituais da Bruxaria e como eles se aplicam não apenas às estações do ano, mas também às estações místicas da alma.

11

Rituais

Os rituais de Bruxaria são baseados principalmente na veneração da natureza e no reconhecimento de que a humanidade está intimamente ligada aos ciclos da natureza. Um ritual formal permite que a Bruxa participe diretamente da dança da Natureza em qualquer época do ano. É por isso que os rituais de Bruxaria marcam os períodos de solstício e equinócio da Terra e os períodos sazonais que ficam diretamente entre cada um. Coletivamente, ela é chamada de "Roda do Ano" e é concebida como "uma roda de oito raios".

A Roda do Ano também reflete os ensinamentos espirituais da Bruxaria. Elas se refletem nas metáforas contidas no formato básico das imagens míticas expressas em qualquer ritual. Os mitos em torno dos quais a estrutura de um ritual é formada falam da energia mística que permeia os ritos da Bruxaria. São histórias que expressam verdades mais profundas.

Em um nível mundano, os rituais que compõem a Roda do Ano estão enraizados nos ritos do Festival do Fogo da religião europeia pré-cristã. Essas fogueiras costumavam ser acesas durante todo ano, na primavera, no verão, no outono e no inverno. Nos trimestres cruzados em fevereiro, maio, véspera de agosto e outubro, outras fogueiras também ardiam.

Nos tempos antigos, era costume conduzir os rebanhos e o gado através da fumaça da fogueira e, segundo alguns relatos, sobre as chamas ou carvões que diminuíam. Tochas eram acesas nas fogueiras e carregadas pelos campos de plantio, pomares e pastagens. As cinzas da fogueira eram espalhadas pelo chão na crença de que isso tornaria o solo da próxima temporada fértil novamente. De acordo com a tradição oral, brasas quentes eram carregadas de volta para as lareiras em uma corrida. Acreditava-se que grande sorte durante todo o ano viria para quem entrasse pela primeira vez em sua casa com as brasas sagradas da fogueira.

Nossos ancestrais acreditavam que sua participação era necessária para que as estações mudassem e para evitar que o calor do sol escapasse de um eventual retorno. Isso se deveu, em parte, à crença de que os humanos não são separados e isolados da Natureza. Para nossos ancestrais, a Natureza não era um recurso de onde tirar, mas, sim, um parceiro na sobrevivência mútua. Essa parceria exigia cooperação e trabalho em equipe, uma filosofia importante, mas que infelizmente não é compartilhada hoje por muitos humanos que têm poder financeiro e político sobre questões que afetam a saúde do meio ambiente em que todos devemos viver.

Para as Bruxas, "girar a roda" ainda é um aspecto importante da prática da religião e da espiritualidade. Em um nível, é simplesmente um reconhecimento dos ciclos da Natureza (um processo que afeta significativamente todas as nossas vidas), bem como uma oportunidade de se alinhar com o padrão específico de energia presente em qualquer estação. Essa aliança estabelece a Bruxa em harmonia com as forças dominantes, em vez de ser lançada contra elas. É uma forma prática e saudável de viver cada estação que nos é dada.

Em outro nível, a participação no giro da Roda conecta a Bruxa com as emanações divinas que estão por trás dos ciclos da Natureza. Os humanos há muito tempo pressentiram algo mais profundo em ação na Natureza e tentaram personificá-la como "espíritos" ou "divindades". Mitos e lendas então se formaram em torno dessas personificações em uma tentativa de explicar as origens e ações desse "algo" místico. Em outras palavras, mitos eram contos sobre como tudo funcionava e interagia consigo mesmo. Cada aspecto ou parte do processo recebeu uma identidade na forma de um ser particular dentro da Natureza.

Os mitos antigos ainda falam ao espírito humano e continuam a ser contados por incontáveis séculos. No filme popular Senhor dos Anéis, é contado que a história se tornou mito e o mito se tornou lenda. Em certo sentido, os mitos são históricos no sentido de que representam o pensamento da época, as coisas que eram importantes para o contador de histórias. Os mitos não são pura fantasia, mas são "instantâneos" capturados da evolução do pensamento religioso e espiritual (mesmo que isso possa ser obscurecido pelo ambiente folclórico que os cerca). Portanto, os mitos contêm verdades culturais transformadas em imagens que são expressas por meio da apresentação de histórias simples.

É prontamente aparente que os mitos e lendas de várias culturas refletem todos os aspectos comuns da concepção, experiência e expressão humanas. Como o mitologista Joseph Campbell apontou, o papel do herói no mito e na lenda é universal. O mesmo ocorre, ao que parece, com a necessidade de nos identificarmos com esta figura. Por meio da identificação, o indivíduo se sente ligado ao herói e experimenta (e também realiza) o que o ele faz.[26]

A figura do herói enfrenta o medo e o vence. Os heróis enfrentam desafios e os dominam com sucesso, apesar de todos e quaisquer obstáculos. O herói lidera o caminho para o labirinto e não se perde. Mesmo quando ele encontra a morte, é transformado ou ressuscitado, mas nunca finalmente conquistado. Através da identificação com a figura do herói, um indivíduo une seu destino ao do dele. Esta é, em essência, a chave para abraçar a imagem e o conceito do Deus Morto na Bruxaria. Abraçar uma divindade que morre e renasce garante ao seguidor o renascimento por meio de sua associação com o agente ou intermediário divino. Vemos o mesmo princípio no cristianismo, onde seus seguidores acreditam que sua salvação está ligada à morte e ressurreição da figura conhecida como "Jesus Cristo".

Sobre um Mito

Ao examinar os rituais de Bruxaria, dois padrões básicos aparecem prontamente. Um sistema descreve uma história que envolve um nome de Deus e a figura da Deusa. Cada Sabbat do ano se relaciona entre si e com a Natureza. A continuidade da história é que quaisquer outras divindades ou espíritos que apareçam compartilham

26. Campbell, Joseph. *The Hero with a Thousand Faces*. Princeton: Princeton University Press, 1973.

um relacionamento integrado entre si e um elo cultural congruente que demonstra suas origens e evolução mútuas.

Em tal sistema, os nomes do Deus e da Deusa permanecem consistentes com seus mitos expressos em cada estação. Quando outras divindades ou espíritos aparecem, eles são rastreáveis uns aos outros, bem como às divindades primárias, e todos compartilham uma conexão mítica e cultural geral. Os nomes dos Sabbats em tal sistema obedecem a uma etimologia cultural comum, demonstrando sua natureza coloquial. Vamos nos referir a este sistema como "Tema A".

O outro sistema, que chamaremos de "Tema B", assemelha-se a uma colcha de retalhos que representa divindades e espíritos que não compartilham nenhum mito ou lenda culturalmente integrado (embora muitas vezes apareçam na mesma cultura, mas com temas separados e sem ligações diretas). Nesse sentido, esses personagens aparecem isolados uns dos outros e sua aparição na Roda do Ano reflete uma expressão sazonal confinada, que carece de solidariedade com os outros personagens. Um exemplo é o nascimento de um Deus do Sol no Solstício de Inverno, que não é o mesmo Deus que morre como Senhor da Colheita no outono. Outro exemplo, é o aparecimento de personagens sazonais que não compartilham nenhuma relação mítica ou alegórica com o Deus e a Deusa primários do sistema. No Tema B, os nomes dos Sabbats são tipicamente de culturas mistas e não compartilham nenhuma relação anterior como elementos integrados de um todo preexistente.

Para as pessoas que estão começando a explorar a Arte, os sistemas do Tema B podem ser confusos e parecer mais complexos do que realmente são. Em contraste, o Tema A pode parecer muito estruturado, o que pode impedir algumas pessoas de "espírito livre" de explorar esse tipo de sistema. Em última análise, é aconselhável explorar ambos para obter uma visão mais ampla do caminhar pessoal. Não existem conhecimentos ou experiências inúteis.

Com o propósito de apresentar um mito neste livro, optei por apresentar um tema de continuidade. Paralelamente, apresentarei também as variações populares com as quais o leitor deve se familiarizar ao encontrar as Tradições da Bruxaria. Quanto mais informações coletar, melhor estará preparado para fazer as escolhas que serão corretas para você como um indivíduo único.

Mitos da Roda do Ano

Na Bruxaria, a Roda do Ano geral contém um mito baseado na relação do Deus e da Deusa e do filho que eles geram. Em um sentido metafórico, o mito também reflete a jornada da alma através da vida material, pois na história cada um de nós é o Deus e a Deusa, assim como o Sol renascido, a Lua que muda de forma e o Senhor da Colheita. A partir da identificação com esses personagens míticos, passamos a conhecer os vários aspectos de nosso próprio ser. É participando da Roda do Ano que entramos em contato direto com as forças espirituais que capacitam e dirigem nossa vida.

O mito começa na temporada que muitas Bruxas chamam de "Samhain", pois esta é a celebração do Ano Novo das Bruxas. Neste momento, o Deus e a Deusa habitam no Submundo, "o Reino de Procriação". O Submundo é o útero escuro do qual toda a vida surge e para o qual toda a vida retorna. No Mundo Inferior, o Deus e a Deusa se encontram como as polaridades do Espírito Divino e passam a amar um ao outro. Isso nos fala de nossas próprias polaridades internas, masculina e feminina, e da necessidade de integração e equilíbrio pessoal. Quando estamos sozinhos na escuridão, precisamos apenas abraçar o que nos separa da vida, e então renasceremos para a luz do dia.

Na Bruxaria, o Solstício de Inverno marca o "renascimento do Sol", concebido no Mundo Inferior através da união do Deus e da Deusa (embora em algumas tradições o acasalamento ocorra no Equinócio de Primavera e/ou no Equinócio de Outono). No dia do Solstício de Inverno, o Sol aparece como uma criança mítica chamada "Criança da Promessa".

No final de dezembro, no Hemisfério Norte, o mundo fica mais frio e aparentemente sem vida (especialmente nas regiões onde a neve cai).

A Criança da Promessa é um sinal da aliança entre todas as coisas vivas e o Deus e a Deusa. A aliança garante o retorno do calor, da luz e da vida em um ciclo interminável do ano. Nisto vemos a vida eterna de nossa própria alma, renascida em muitos ciclos de vida neste mundo e em outros que virão. Subjacente a isso está a luz que guia a centelha divina interior, que nos assegura que a divindade anda sempre ao nosso lado.

No início de fevereiro, também no Hemisfério Norte, é realizada uma celebração que muitas Bruxas chamam de "Imbolc". No mito geral, essa é a época em que o Deus do Sol atinge a adolescência. É também a época da purificação, à medida que o inverno se aproxima da primavera e começam os preparativos para a próxima estação de crescimento. Nas tradições celtas, este é o dia sagrado da Deusa Brigit, uma divindade associada ao fogo, cura e fertilidade. Nesta temporada, percebemos a necessidade de nos purificarmos da negatividade e das limitações autoimpostas que restringiram nosso crescimento e evolução como seres espirituais durante o ano que passou. Nós nos curamos e trabalhamos para tornar nossa vida fértil para a abundância na próxima estação.

No mito das Bruxas, o Equinócio da Primavera marca o retorno da Deusa do Mundo Inferior. Com seu retorno ao mundo dos vivos, a força vital da Natureza é mais uma vez restaurada. Em breve, com o calor do sol sobre o solo, a vida dentro da semente despertará. O ciclo de regeneração começa de novo, e do que parecia ser a morte surge uma nova vida. Aqui encontramos o ensino de que a vida não se extingue com a morte, mas que a morte traz uma nova vida. Isso fortalece o papel da reencarnação nas crenças da Bruxaria e nos lembra de que a morte da carne é apenas uma transição. A transição neste momento nos lembra de que devemos preparar o solo da nossa vida e plantar as sementes dos nossos desejos para a vindoura colheita que desejamos colher.

No primeiro dia de maio ocorre um festival que é conhecido por muitas Bruxas como "Beltane". No mito, este é o período de namoro entre o Deus e a Deusa. Beltane contém talvez o simbolismo de fertilidade mais forte de todos os Sabbats das Bruxas. Muitos temas antigos da fertilidade sobreviveram nos ritos de maio, como o mastro, que antes simbolizava a força potente e poderosa que impregna a natureza e produz frutos e grãos no verão. Aqui nos vemos em toda a nossa potencialidade, onde somos tanto a semente quanto o poder de despertar a semente.

O Solstício de Verão marca o período de crescimento até a plenitude, a colheita madura que está por vir. Os sinais (literal e figurativamente) dos frutos do nosso trabalho estão presentes nesta temporada. No mito da Roda do Ano, o Deus e a Deusa estão casados neste momento. O mundo reflete a abundância que surge da união das polaridades masculina e feminina. Em muitos sistemas celtas, um conjunto de personagens é conhecido como "Rei do Carvalho" e "Rei do Azevinho". Aqui, eles representam as forças crescentes e decrescentes da Natureza em oposição umas às outras, pois os irmãos lutam entre si em uma disputa pelo reinado sazonal.

Em muitos sistemas Egeu/Mediterrâneo, as forças minguantes e crescentes da Natureza são representadas como o Veado e o Lobo.

Aqui, as forças crescentes e decrescentes da Natureza são retratadas na ordem natural que mantém o equilíbrio. No momento do Solstício de Verão, avaliamos o estado de nossas vidas e reconhecemos nossa participação ou falta nela, o que aborda a questão central da responsabilidade. Estamos vivendo a vida de acordo com o equilíbrio? Se não, quais forças permitimos direcionar as ações?

A estação da colheita marca a próxima celebração ritual na Bruxaria. Em muitos sistemas celtas, esta ocasião ritual é chamada de "Lughnasadh", supostamente em homenagem à divindade solar celta Lugh. No mito da Bruxaria, esta é a época em que o Deus é morto na ceifa da colheita. Ele é morto no auge de seu poder e sua essência de vida é devolvida ao solo. Assim, o retorno da essência vital garante a fertilidade do solo e, portanto, o crescimento e a colheita no ano seguinte. Aqui reconhecemos a realização daquilo para o qual nossas energias foram direcionadas, o que, de acordo, será uma colheita abundante ou escassa.

A próxima temporada de festivais de Bruxaria é marcada pelo Equinócio de Outono. No mito, este é o momento em que a Deusa desce ao Submundo em busca de seu amante, que foi morto na colheita. A força vital da Natureza agora se retira do mundo para dormir sob o solo. Aqui, começamos a examinar o que deve morrer em nossa própria vida para que ocorra o rejuvenescimento e a renovação. Quais hábitos e práticas são benéficos e produtivos? Quais são destrutivos ou improdutivos? Durante esta temporada, buscamos discernimento e sabedoria para saber o que precisa ser liberado de nossas vidas. Isso nos leva de volta à estação de outubro e à escuridão procriadora em que plantaremos as sementes da colheita vindoura da nossa vida (nossa própria "Criança da Promessa").

Agora giramos a Roda do Ano em um ciclo completo.

Nomes rituais

Os nomes usados na Bruxaria para cada Sabbat diferem de acordo com a expressão cultural ou gosto eclético. No início do século 20, muitos sistemas populares de Bruxaria usavam os nomes cristianizados dos antigos Festivais Pagãos. Esses nomes vieram do final do período da Idade Média (ver gráfico a seguir, coluna 2).

Após a exposição da Arte ao público, por volta de 1954, muitas Tradições usaram um sistema de nomes mais de acordo com o tema Pagão original (coluna 3). No início da década de 1970, outro conjunto de nomes surgiu à medida que os sistemas ecléticos se tornaram altamente populares (coluna 4). Na Bruxaria italiana (um dos sistemas mais antigos a sobreviver até os tempos modernos), um conjunto diferente de nomes é usado. Os nomes são mostrados em português na coluna 5 do gráfico.

Nomes dos Sabbats - Origem / História

Data*	Era Medieval (Paganismo antigo)	Original Pagão (cerca de 1954)	Eclético (1970s)	Português
31 Out.	Hallowmas	Samhain	Samhain	Festival de Sombras
21 Dez.	Yule	Yule	Yule	Solsticio de Inverno
02 Fev.	Candlemas	Imbole	Imbole	Lupercus
21 Mar.	Dia da Senhora	Equinócio de Outono	Ostara	Equinócio da Primavera
01 Mai.	Roodmas	Beltane	Beltane	Dia da Deusa
21 Jun.	Dia de São João	Meio do Verão	Litha	Solstício de Verão
01 Agos.	Lammas	Lughnasadh	Lughnasadh	Cornucópia
21 Set.	Michaelmas	Equinócio de Outono	Mabon	Equinócio de Outono

* As datas podem variar sutilmente de um sistema para outro.

Os Rituais

Existem muitos livros disponíveis atualmente que contêm rituais formais para a prática em grupo e solitária. Portanto, meu objetivo não é fornecer a você mais do mesmo, em vez disso, quero apresentar o simbolismo que se concentra em cada uma das estações e as razões essenciais para a realização de cada ritual. Eu o encorajo a expandir e a personalizar este material para atender às suas necessidades, agora e no futuro. Veja o apêndice três para sugestões de leitura.

O ritual é um meio de alcançar um estado de consciência no qual um indivíduo pode interagir com os mecanismos internos. Um rito leva o indivíduo a uma participação plena e completa em todos os níveis: mente, corpo e espírito. É muito importante estar no momento ao realizar um ritual. Selecione uma hora e um lugar em que você não será incomodado ou interrompido.

Antes de iniciar qualquer ritual, pare alguns momentos para sentar-se em silêncio (respirando profunda e lentamente) e deixe ir o Mundo Mundano ao seu redor. Apague todas as luzes artificiais, usando apenas as chamas de uma vela ou lamparina a óleo. Quando estiver tudo pronto para começar, lide com cada item do ritual com reverência deliberada e pense sobre seu simbolismo. Emocionalmente, invista-se no ritual e nunca execute nenhum ato ou recite qualquer palavra de maneira indiferente.

Se você é um iniciante, os seguintes ritos não requerem a formação ritual de um Círculo. No entanto, você vai precisar polvilhar um círculo de sal grande o suficiente para se sentar próximo ao seu altar. Este será o seu cenário de espaço sagrado. Uma pequena mesa ou suporte pode servir como seu altar pessoal. Leia cada ritual completamente antes de tentar realizar qualquer rito. Isso não apenas vai familiarizá-lo com o procedimento, como também vai informá-lo sobre os itens necessários durante o próprio ritual. Muitos dos itens rituais, como grinaldas, vassouras e bonecos de milho, podem ser obtidos em miniatura na maioria das lojas de hobby e artesanato.

Em uma nota final, os seguintes rituais não são representativos de nenhuma Tradição específica da Bruxaria. Em vez disso, foram concebidos como uma estrutura básica que demonstra a essência central das estações do ano conforme se relacionam com as nossas necessidades. Eu encorajo o leitor em algum momento posterior a explorar os rituais de Tradições específicas. Isso aumentará muito a sua compreensão da Roda do Ano.

Samhain

Os temas-chave deste ritual são a conexão com o Outromundo e o potencial criativo. Ambos estão relacionados às trevas da noite (não às trevas do espírito). Portanto, você vai desejar usar um símbolo que conecte os dois conceitos. Os objetos tradicionais são a caveira e o Caldeirão. O crânio representa os espíritos no Outromundo (literalmente, os ancestrais de cada um) e pode ser feito de qualquer coisa, exceto de plástico. O Caldeirão representa o útero da vida generativa. Pode ser feito de metal (de preferência) ou de material cerâmico resistente ao calor.

Em seu altar, coloque duas velas pretas na extremidade oposta de onde você será posicionado. As velas devem estar a vários centímetros de distância umas da outras e, de sua perspectiva, deve estar à sua esquerda e direita. Essas velas servem como as laterais da porta no Outromundo. No centro do altar, coloque a caveira e prenda uma vela vermelha em seu topo. Isso vai representar a conexão viva entre você e os espíritos do outro lado. O vermelho simboliza a força vital do sangue.

Na frente do crânio coloque um pequeno Caldeirão. Idealmente, o crânio deve ser maior do que o Caldeirão para que seja visível durante o rito. Bem à sua direita, coloque um sino ritual. O item final necessário é um pequeno prato e uma xícara. No prato, você vai querer colocar algumas oferendas de comida (frutas, queijo e feijão são os preferidos). No copo coloque um pouco de água, vinho ou hidromel. Isso é frequentemente referido como "a refeição dos mortos", uma oferenda para apaziguar os espíritos do Outromundo. Coloque esses itens em seu altar do lado esquerdo. Isso deve deixar algum espaço de trabalho diretamente à sua frente no altar.

Quando estiver tudo pronto para começar, acenda as velas pretas da esquerda para a direita. Toque o sino do altar três vezes e então recite:

> EU CHAMO A DEUSA E O DEUS PARA ABENÇOAR ESTE RITUAL E PARA PROTEGER A TODOS CONTRA O MAL NESTA NOITE SAGRADA. PEÇO AOS MEUS GUIAS E GUARDIÕES QUE SE REÚNAM AO MEU REDOR E ME PROTEJAM DE TODOS OS DELITOS.

Em seguida, toque a campainha três vezes, acenda a vela vermelha e diga:

> Em nome do Deus e da Deusa, eu chamo os espíritos além do véu entre este mundo e o próximo. Venham e participem das oferendas que eu dou gratuitamente aqui neste altar. Entrem em paz e saiam em paz.

Nesta fase, pegue um pedaço de pergaminho e escreva um pedido. Isso deve ser algo positivo que você gostaria que acontecesse nos próximos doze meses. Na primeira vez que executar este rito, mantenha o pedido simples e realista.

Como um guia para alguns pedidos possíveis, observe: não peça dinheiro, peça prosperidade. Não peça que alguém específico se apaixone por você, peça que alguém compatível seja atraído para a sua vida. Não peça vingança ou mal a outrem, peça para ser libertado da influência ou do poder de seus inimigos. Os "poderes constituídos" veem mais longe e com muito mais sabedoria do que nós. Dê ao Universo algum espaço para trabalhar e entenda que o resultado futuro requer sua total participação na realização de seus objetivos. Na Arte não há caronas gratuitas e você não tem servos. Em vez disso, você tem companheiros fiéis e aliados poderosos.

Assim que seu pedido estiver escrito no pergaminho, fale seu desejo em voz alta:

> Em nome do Deus e da Deusa, eu peço _______.

Em seguida, dobre o pergaminho três vezes e coloque-o no Caldeirão. Depois, acenda um fósforo, coloque fogo no pergaminho e diga:

> Pelo poder transformador do fogo, que essas palavras se tornem a manifestação do meu desejo. Espíritos do Outromundo, ajudem-me do além. Deus e Deusa, abençoe meu pedido e proteja a todos do mal na realização de meu desejo.

Quando o pergaminho for consumido, sopre suavemente a fumaça com sua respiração diretamente na direção da vela vermelha. Em seguida, aumente a força de suas próximas expirações até que a vela vermelha se apague. Depois toque a campainha três vezes e diga:

ESPÍRITOS, PARTAM AGORA EM PAZ E VOLTEM PARA O SEU REINO.

Depois, sopre suavemente a fumaça da vela vermelha entre as duas velas pretas. Continue até que não haja mais fumaça saindo do Caldeirão ou da vela vermelha.

A fase final do ritual se volta agora para dar oferendas ao Deus e à Deusa. Isso pode ser algo tão simples como colocar flores em um vaso especial, cantar ou tocar um instrumento musical em sua homenagem. Antes de fazer uma oferenda, diga:

DEUS E DEUSA, EU TE AGRADEÇO POR SUA PRESENÇA EM MINHA VIDA, E POR CAMINHAR COMIGO EM MEU CAMINHO. POR FAVOR, ACEITE ESTA OFERENDA COMO UM SÍMBOLO DO MEU AMOR.

Quando a parte da oferenda for concluída, você pode remover os itens do altar, limpá-los e guardá-los. Pegue todas as cinzas do Caldeirão e, em algum lugar do lado de fora, em um local privado, vire-se para o Leste (ou se houver vento, vire-se de costas para ele) e jogue as cinzas para o alto. Imagine que o vento está levando seu desejo de se manifestar.

Yule

Os principais temas deste ritual são renascimento e renovação. Ambos estão relacionados à luz do sol. Portanto, você vai desejar usar um símbolo que conecte os dois conceitos. Os objetos tradicionais são a coroa de flores perenes e o tronco de árvore. A coroa representa a repetição do ciclo da vida, bem como a promessa de sobrevivência, que é simbolizada pela árvore perene. O tronco de Yule, tradicionalmente pinheiro ou carvalho, representa o sol e o Deus Sol. Este é um remanescente simbólico da adoração às árvores desde os tempos antigos, quando as pessoas acreditavam que os Deuses moravam nas árvores.

Em seu altar, coloque duas velas verdes na extremidade oposta de onde você será posicionado. As velas devem estar separadas por vários centímetros e, da sua perspectiva, estarão à sua esquerda e direita. Essas velas servem como símbolos da vida no Mundo Material e no Mundo Espiritual. Prenda três velas vermelhas na Tora de Yule, simbolizando a vitalidade do Deus Sempre Verde. No centro do altar, coloque a coroa de flores com uma vela amarela na abertura do meio. Isso vai representar a conexão viva entre o sol e a promessa de renovação e renascimento.

Na frente da guirlanda, coloque um pequeno Caldeirão com uma vela votiva laranja dentro. O altar pode ser decorado com outros símbolos tradicionais, como azevinho e visco. Deixe espaço para um sino ritual, que é colocado no lado direito do altar. No final, o item necessário é um pequeno prato e uma xícara para as oferendas. Nozes, doces e vinho ou hidromel são tradicionais.

Quando estiver tudo pronto para começar, acenda as velas verdes da esquerda para a direita. Toque o sino do altar três vezes e, em seguida, recite:

> Eu chamo a Deusa e o Deus para abençoar este ritual neste dia sagrado de renascimento.

Em seguida, toque a campainha três vezes, acenda a vela amarela e diga:

> Em nome do Deus e da Deusa, invoco o espírito do sol que renasce hoje. Venha, participe das oferendas que eu dou gratuitamente aqui neste altar, e lembre-se de sua promessa de devolver a vida em plenitude. Assim, minha vida também será renovada.

Nesta fase, pegue a vela amarela e use-a para acender a vela votiva no Caldeirão. Em seguida, recite:

> O fogo do Deus do Ano é passado para Criança da Promessa. A Criança da Luz nasceu, a Criança da Promessa veio. Em uma nova luz, andarei nos dias que virão.

A fase final do ritual se volta agora para dar oferendas ao Deus e à Deusa. Antes de apresentar as oferendas, diga:

> Deus e Deusa, eu te agradeço por sua presença em minha vida, e por despertar a nova luz das estações vindouras. Por favor, aceite esta oferenda como um símbolo do meu amor.

Coloque as mãos com as palmas para cima, uma de cada lado do prato de oferenda como boas-vindas. Assim que a parte da oferenda estiver concluída, você pode remover os itens do altar (exceto a vela votiva), limpá-los e guardá-los. Permita que a vela votiva queime sozinha. Depois limpe o Caldeirão e guarde-o.

Imbolc

Os temas-chave deste ritual são pureza e crescimento. Ambos estão relacionados à luz do sol. Os objetos tradicionais desta temporada são a roda da vela e o boneco de palha. A roda da vela representa o ciclo crescente da vida, a luz crescente do sol. Você pode usar um arco ou uma coroa de flores para servir de roda e prender as velas a ela. O boneco de palha representa o jovem Deus do Sol. Este é um remanescente simbólico da imagem do Senhor da Colheita/Homem Verde, que nossos ancestrais acreditavam que vivia nas árvores e plantas.

Em seu altar, coloque duas velas brancas na extremidade oposta de onde você será posicionado. As velas devem estar separadas por vários centímetros e, da sua perspectiva, estarão à sua esquerda e direita. Essas velas servem como símbolos de purificação no Mundo Material e no Mundo Espiritual. No centro do seu altar coloque a roda do sol com doze velas brancas (tamanho de aniversário). Isso representará a conexão viva entre o Sol e o ciclo crescente da Natureza. Na frente da roda do sol coloque o boneco de palha.

O altar pode ser decorado com outros símbolos tradicionais, como pinhas e bolotas. Deixe espaço para um sino ritual, que é colocado no lado direito do altar. O item final necessário é um pequeno prato para oferendas de sementes de abóbora, nozes e pão. Uma xícara de leite também é tradicional.

Quando estiver tudo pronto para começar, acenda as velas brancas do altar da esquerda para a direita. Toque o sino do altar três vezes e, em seguida, recite:

Eu chamo a Deusa e o Deus para abençoar este ritual neste dia sagrado de purificação e crescimento.

Em seguida, toque a campainha três vezes, acenda as velas da roda do sol e diga:

> No nome do Deus e da Deusa, invoco o espírito crescente do sol. Venha, participe das oferendas das coisas que ofereço gratuitamente aqui sobre este altar. Cresça em força e pureza. Assim, minha vida também será purificada e tenho a certeza de que crescerei nas próximas estações.

Levante o boneco de palha e passe-o sobre a roda do sol em um círculo completo (no sentido horário). Em seguida, devolva-o na frente da roda do sol. A fase final do ritual se volta agora para dar oferendas ao Deus e à Deusa. Antes de apresentar as oferendas, diga:

> Deus e Deusa, eu agradeço por sua presença em minha vida, e por purificar a luz por dentro e por fora. Que suas bênçãos de crescimento e aumento permeiem as próximas estações. Por favor, aceitem esta oferenda como um símbolo do meu amor.

Coloque as mãos com as palmas para cima, uma de cada lado do prato de oferenda como boas-vindas. Assim que a parte da oferenda for concluída, você pode remover os itens do altar (exceto a roda do sol e o boneco de palha), limpá-los e guardá-los. Deixe as velas da roda do sol queimarem. Quando as velas queimarem, pendure o boneco de palha em uma janela voltada para o Leste. Remova-o e coloque-o fora após seu primeiro encontro com o nascer do sol. Mais tarde, quando for plantar seu jardim, você pode mergulhar o boneco de palha na água e ungir as sementes sacudindo o boneco molhado sobre elas.

Equinócio de Primavera

Os principais temas deste ritual são regeneração e renovação. Ambos estão relacionados ao princípio feminino na Natureza. Os objetos simbólicos tradicionais desta temporada são o ovo e o Caldeirão. O ovo representa o nascimento no processo de "rompimento", também refletido no retorno da Deusa do Mundo Inferior. O Caldeirão é o útero da Deusa, do qual todas as coisas nascem.

Em seu altar, coloque duas velas verdes-claras na extremidade oposta de onde você será posicionado. As velas devem estar separadas por vários centímetros e, da sua perspectiva, estarão à sua esquerda e direita. Essas velas servem como símbolos de uma vida renovada. No centro do altar, coloque o Caldeirão com o ovo dentro. Isso vai representar o vaso da vida (no Mundo Inferior) retornando através do vaso da regeneração.

Na frente do Caldeirão, coloque uma pequena vela votiva vermelha. O altar pode ser decorado com outros símbolos tradicionais, como flores, imagens de lebre, sementes e assim por diante. Deixe espaço para um sino ritual, que é colocado no lado direito do altar. O item final necessário é um pequeno prato e uma xícara para as oferendas. Pão e bolo são tradicionais, assim como o vinho ou o hidromel.

Quando estiver tudo pronto para começar, acenda as velas verdes da esquerda para a direita. Toque o sino do altar três vezes e, em seguida, recite:

> CHAMO A DEUSA E O DEUS PARA ABENÇOAR ESTE RITUAL NESTE DIA SAGRADO, QUE MARCA O RETORNO DA VIDA AO MUNDO.

Em seguida, toque a campainha três vezes, acenda a vela votiva vermelha e diga:

> EM NOME DO DEUS E DA DEUSA, INVOCO O ESPÍRITO DE RETORNO E REGENERAÇÃO. VENHA, PARTICIPE DAS OFERENDAS QUE EU DOU GRATUITAMENTE AQUI NESTE ALTAR. AO DESPERTAR AS SEMENTES ADORMECIDAS, DESPERTE TAMBÉM AS SEMENTES DA MINHA PRÓPRIA VIDA, QUE SÃO AS HABILIDADES QUE POSSUO PARA CUMPRIR MEUS OBJETIVOS.

Nesse estágio, pegue o ovo do Caldeirão, segure-o e recite:

> DA ESCURIDÃO SOB A TERRA, O VASO QUE DÁ VIDA VOLTOU. TUDO É RENASCIMENTO, TUDO É RENOVAÇÃO.

Coloque o ovo no altar onde estará seguro. A fase final do ritual se volta agora para dar oferendas ao Deus e à Deusa. Antes de apresentar as oferendas, diga:

DEUS E DEUSA, EU TE AGRADEÇO POR SUA PRESENÇA EM MINHA VIDA, E PELO RETORNO DE VIDA PARA AS PRÓXIMAS ESTAÇÕES. POR FAVOR, ACEITE ESTA OFERENDA COMO UM SÍMBOLO DO MEU AMOR.

Coloque as mãos com as palmas para cima, uma de cada lado do prato de oferenda como boas-vindas. Assim que a parte da oferenda estiver concluída, você pode remover os itens do altar (exceto o ovo), limpá-los e guardá-los.

Leve o ovo para o seu jardim e quebre-o no chão. Se você não tiver um jardim, use um vaso de terra. Ao despejar o ovo no solo, diga:

A TERRA É RENOVADA COM O RETORNO DA DEUSA, O VASO DA VIDA.

Deixe o ovo sem mexer por vinte e quatro horas e depois misture-o no solo. Se estiver usando uma panela com terra, enterre o ovo a vários centímetros de profundidade e deixe-o intocado por três dias. Depois remova o solo, mas guarde um punhado para cultivar uma planta em um vaso (misture este solo com um pouco de solo novo).

Beltane

Os temas-chave deste ritual são fertilidade e união. Ambos estão relacionados à união das polaridades masculina e feminina. A ferramenta tradicional desta temporada é o almofariz e o pilão. O almofariz representa o útero e o pilão simboliza o falo. A importância do almofariz e do pilão é o fato de ser um símbolo unificado que requer os dois elementos. Separadamente, seu uso pretendido é perdido ou muito reduzido.

Em seu altar, coloque uma vela vermelha e uma verde na extremidade oposta de onde você será posicionado. As velas devem estar a vários centímetros de distância umas das outras, e da sua perspectiva será à sua esquerda (vela verde) e direita (vela vermelha). Essas velas servem como símbolos das polaridades masculina e feminina. No centro do seu altar coloque o almofariz e o pilão, lado a lado. Coloque uma vela votiva rosa na frente do almofariz e do pilão.

O altar pode ser decorado com outros símbolos tradicionais, como flores e fitas coloridas (vermelhas e brancas). Deixe espaço para um sino ritual, que é colocado no lado direito do altar. O item final necessário é uma pequena tigela para uma oferenda de mingau, creme ou pudim. Uma taça de vinho de maio também é tradicional (essencialmente um vinho branco, refrigerado e misturado com alguns morangos e algumas folhas de aspérula).

Quando estiver tudo pronto para começar, acenda as velas do altar da esquerda para a direita. Toque o sino do altar três vezes e, em seguida, recite:

> Eu chamo a Deusa e o Deus para abençoar este ritual neste dia sagrado de fertilidade e unidade.

Em seguida, toque a campainha três vezes, acenda a vela rosa e diga:

> Em nomes do Deus e da Deusa, invoco a essência do espírito feminino e masculino. Venha, participe das oferendas que eu dou gratuitamente aqui neste altar. Una-se na criação e no aumento. Assim, minha vida também se tornará fértil e frutífera nas próximas estações.

Coloque o pilão no almofariz e diga:

> Masculino para feminino, falo para útero, energia para a formação. Juntos, eles criam e geram o dom da vida.

A fase final do ritual se volta agora para dar oferendas ao Deus e à Deusa. Antes de apresentar as oferendas, diga:

> Deus e Deusa, eu te agradeço por sua presença em minha vida, e pela essência fértil e criativa dentro e fora. Que suas bênçãos de fertilidade e fecundidade permeiem as próximas estações. Por favor, aceite esta oferenda como um símbolo do meu amor.

Coloque as mãos com as palmas para cima, uma de cada lado do prato de oferenda como boas-vindas. Assim que a parte da oferenda estiver concluída, você pode remover os itens do altar (exceto o almofariz e o pilão). Se você tem alguma semente que deseja plantar, coloque-a no pilão para bênçãos. Você também pode colocar um objeto no almofariz que esteja associado a algo que deseja aumentar ou ver se tornar frutífero, por exemplo, a chave para um negócio ou uma declaração de investimento, etc.

Solstício de Verão

Os temas-chave deste ritual são amadurecimento e harmonia. Os objetos tradicionais desta temporada são a rosa vermelha e a máscara de folhas. A rosa representa a Deusa na plenitude e na beleza da flor. A máscara de folha simboliza o Deus em uma de suas formas primordiais, ligada à terra e ao Sol. A folha fresca pode ser de carvalho, azevinho ou hera. Olhos, nariz e boca devem ser pintados ou recortados na folha.

Em seu altar, coloque duas velas verdes na extremidade oposta de onde você será posicionado. As velas devem estar separadas por vários centímetros e, da sua perspectiva, estarão à sua esquerda e direita. Essas velas servem como símbolos de maturação e plenitude. No centro do seu altar coloque a rosa vermelha e a máscara de folha, lado a lado. Isso vai simbolizar a união do Deus e da Deusa. Coloque uma vela votiva verde na frente deles.

O altar pode ser decorado com uma variedade de flores, além das ervas conhecidas como verbena e erva-de-são-joão. Deixe espaço para um sino ritual, que é colocado no lado direito do altar. O último item necessário é um pequeno prato para oferendas de frutas e vegetais. Uma xícara de hidromel também é tradicional.

Quando estiver pronto para começar, acenda as velas do altar da esquerda para a direita. Toque o sino do altar três vezes e, em seguida, recite:

> EU CHAMO A DEUSA E O DEUS PARA ABENÇOAR ESTE RITUAL NESTE DIA SAGRADO DE MATURAÇÃO E UNIÃO.

Em seguida, toque a campainha três vezes, acenda a vela votiva verde e diga:

> EM NOME DO DEUS E DA DEUSA, INVOCO O ESPÍRITO DE RELACIONAMENTO QUE UNE TODAS AS POLARIDADES. VENHA, PARTICIPE DAS OFERENDAS QUE EU DOU GRATUITAMENTE AQUI NESTE ALTAR. JUNTE-SE E TORNE-SE MAIOR DO QUE O TODO. ASSIM, MINHA VIDA TAMBÉM SERÁ ABUNDANTE NA PRÓXIMA ESTAÇÃO.

A fase final do ritual se volta agora para dar oferendas ao Deus e à Deusa. Antes de apresentar as oferendas, diga:

Deus e Deusa, agradeço tua presença em minha vida e também ao dom de crescer e de aumentar. Que suas bênçãos permeiem a próxima temporada. Por favor, aceite esta oferenda como um símbolo do meu amor.

Coloque as mãos com as palmas para cima, uma de cada lado do prato de oferenda como boas-vindas. Assim que a parte da oferenda for concluída, você pode remover os itens do altar (exceto a máscara de rosa e folha), limpá-los e guardá-los. Em uma área privada externa, coloque a rosa no chão e a máscara de folha sobre ela. Deixe-os intactos e não os recupere mais tarde.

Lughnasadh

Os alinhamentos chave desta temporada são a colheita e a abundância. Os objetos tradicionais são o feixe, a lâmina e a boneca de milho. O feixe representa a colheita abundante, a lâmina é o ceifeiro e a boneca do milho é o espírito do campo. Todos símbolos da figura do Senhor da Colheita.

Em seu altar, coloque duas velas verdes na extremidade oposta de onde você será posicionado. As velas devem estar separadas por vários centímetros e, da sua perspectiva, estarão à sua esquerda e direita. Essas velas servem como símbolos de abundância e ganho. No centro do seu altar, coloque o feixe, a lâmina e a boneca de milho um ao lado do outro. Na frente disso, coloque um pão integral (trigo integral não semeado é bom). Coloque uma vela amarela (tamanho de aniversário) no centro do pão.

O altar pode ser decorado com outros símbolos tradicionais, como frutas da estação e outras frutas. Deixe espaço para um sino ritual, que é colocado no lado direito do altar. O item final necessário é um pequeno prato com oferendas de aveia, pão de milho ou bolos de cevada. Uma xícara de hidromel ou um copo de cerveja também são tradicionais.

Quando estiver pronto para começar, acenda as velas do altar da esquerda para a direita. Toque o sino do altar três vezes e, em seguida, recite:

Eu chamo a Deusa e o Deus para abençoar este ritual neste dia sagrado de colheita e de ganho.

Em seguida, toque a campainha três vezes, acenda a vela do pão e diga:

> Em nome do Deus e da Deusa, invoco o espírito de coleta e de abundância. Venha, participe das oferendas que eu dou gratuitamente aqui neste altar. Conceda os frutos de todo trabalho. Assim, minha vida também será abundante e lucrativa nas próximas estações.

Pegue a faca e coloque-a na ponta do pão. Ao mesmo tempo que corta o pão, sopre também a vela. Retire a vela e corte o pão em três seções. Pegue um pequeno pedaço de pão de cada seção e uma xícara de hidromel ou uma taça de vinho. Coloque-os na sua frente no altar. Em seguida, recite:

> Pois existem três grandes mistérios: Nascimento, Vida e Morte.

Coma as três pequenas porções de pão e beba um pouco do hidromel/vinho. Em seguida, recite:

> Que eu cresça em conhecimento e sabedoria, e que os mistérios se revelem a mim.

A fase final do ritual se volta agora para dar oferendas ao Deus e à Deusa. Antes de apresentar as oferendas, diga:

> Deus e Deusa, eu te agradeço por sua presença em minha vida, e pela abundância que você concede por dentro e por fora. Que suas bênçãos de colheita e ganho permeiem as próximas estações. Por favor, aceite esta oferenda como um símbolo do meu amor.

Coloque as mãos com as palmas para cima, uma de cada lado do prato de oferenda como boas-vindas. Assim que a parte da oferenda for concluída, você pode remover os itens do altar (exceto a roda solar e o boneco de milho), limpe-os e guarde-os. Deixe a roda solar queimar por completo. Quando as velas tiverem terminado, pendure o boneco de milho em uma janela, cuja face fique voltada ao Leste. Remova-o de lá antes do sol nascer. Mais tarde, quando estiver cultivando seu jardim, você pode mergulhar o boneco de milho na água e aspergir as sementes com o boneco molhado.

Equinócio de Outono

Os temas-chave deste ritual são internalização e introspecção. Os objetos tradicionais desta temporada são o Caldeirão e o espelho escuro. O Caldeirão representa a entrada para o Mundo Inferior, e o espelho escuro simboliza olhar para dentro. Para um espelho escuro simples, você pode aplicar tinta preta na parte de baixo de um pedaço de vidro transparente.

Em seu altar, coloque duas velas pretas na extremidade oposta de onde você será posicionado. As velas devem estar separadas por vários centímetros e, da sua perspectiva, estarão à sua esquerda e direita. Essas velas servem como símbolos do Outromundo. No centro do altar, coloque o Caldeirão e o espelho. Coloque uma vela votiva preta na frente deles.

O altar pode ser decorado com outros símbolos tradicionais, como folhas secas e cabaças. Deixe espaço para um sino ritual, que é colocado no lado direito do altar. O item final necessário é um pequeno prato para oferendas de grãos de cereais.

Quando estiver pronto para começar, acenda as velas do altar da esquerda para a direita. Toque o sino do altar três vezes e, em seguida, recite:

> EU CHAMO A DEUSA E O DEUS PARA ABENÇOAR ESTE RITUAL NESTE DIA SAGRADO DE ENTRAR NAS SOMBRAS.

Em seguida, toque a campainha três vezes, acenda a vela votiva e diga:

> EM NOME DO DEUS E DA DEUSA, INVOCO O ESPÍRITO DOS LUGARES SOMBRIOS E SILENCIOSOS. VENHA, PARTICIPE DAS OFERENDAS QUE EU DOU GRATUITAMENTE AQUI NESTE ALTAR. CONCEDA A VISÃO INTERIOR E A CLAREZA DE DISCERNIMENTO. ASSIM, POSSO OBTER ILUMINAÇÃO NOS LUGARES DAS TREVAS.

Em um pedaço de pergaminho, escreva uma situação em sua vida que precisa ser repensada ou que precisa de um maior discernimento/meditação.

Você também pode escrever qualquer coisa de que deseja se livrar na vida, como fumar ou algum outro vício. Quando terminar, fale sua intenção, dobre o pergaminho três vezes e coloque-o no Caldeirão. Finalmente, coloque o espelho escuro sobre o Caldeirão como uma tampa.

A fase final do ritual se volta agora para dar oferendas ao Deus e à Deusa. Antes de apresentar as oferendas, diga:

DEUS E DEUSA, EU TE AGRADEÇO POR SUA PRESENÇA EM MINHA VIDA, E PELAS SOMBRAS E PERÍODOS DE ESCURIDÃO QUE ME AJUDAM A MUDAR E A CRESCER. QUE SUAS BÊNÇÃOS DE RETIRADA PACÍFICA E SOLIDÃO CONTEMPLATIVA PERMEIEM A PRÓXIMA TEMPORADA. POR FAVOR, ACEITE ESTA OFERENDA COMO UM SÍMBOLO DO MEU AMOR.

Coloque as mãos com as palmas para cima, uma de cada lado do prato de oferenda como boas-vindas. Assim que a parte da oferenda for concluída, você pode remover os itens do altar. Pegue o pedaço de pergaminho, deixe-o de molho em água por alguns minutos e, em seguida, enterre-o a vários centímetros de profundidade em algum solo.

Ritual da Lua Cheia

Prepare um altar com um pano preto e duas velas brancas de altar (colocadas da mesma maneira que as velas do altar do Sabbat). Entre essas velas, coloque as imagens de suas divindades (Deusa à esquerda, Deus à direita). Em seguida, coloque suas quatro ferramentas rituais primárias no altar no seguinte padrão: Pentáculo (posição superior/Norte), Bastão (posição direita/Leste), Athame (posição inferior/Sul), Cálice (posição esquerda/Oeste). Coloque cada ferramenta vários centímetros para dentro da borda do altar e arrume-as em um padrão circular. Coloque uma tigela com água limpa sobre o altar, onde ela seja facilmente alcançada.

Decore seu altar com flores sazonais e outros símbolos correspondentes de sua escolha. Coloque um prato de biscoitos doces ou bolos no altar. Despeje um pouco de vinho no cálice e acenda um pouco de incenso (jasmim ou glicínia são uma boa escolha). Apague todas as luzes artificiais e, em seguida, acenda as velas do altar. Agora você está pronto para começar.

Fique diante do altar, olhe para a lua e diga:

NESTA NOITE SAGRADA DA SENHORA, SOB A LUA CHEIA QUE ELA COLOCOU ENTRE AS ESTRELAS, EU PRESTO VENERAÇÃO. EU ME UNO NESTA NOITE COM TODOS OS QUE SE REÚNEM EM NOME DA DEUSA.

Mantenha as palmas das mãos voltadas para fora (de costas para você) e forme um triângulo tocando os dedos indicadores e polegares de ambas as mãos. Coloque a lua na abertura do triângulo formado entre seus dedos e recite:

> SALVE E ADORAÇÃO A VOCÊ, Ó GRANDE SENHORA. AVE, DEUSA DA LUA E DA NOITE. VOCÊ QUE TEM SIDO DESDE ANTES DO COMEÇO, VOCÊ, QUE FEZ TODAS AS COISAS APARECEREM, DOADORA E SUSTENTADORA DA VIDA, ADORAÇÃO A VOCÊ.

Abaixe as mãos (liberando o triângulo) e mergulhe os dedos da mão esquerda na tigela com água. Em seguida, unte sua testa e recite:

> MINHA SENHORA, ROGO QUE ME CONCEDA SUA ILUMINAÇÃO.

Unja os olhos e recite:

> E ME ILUMINE PARA QUE EU POSSA PERCEBER MAIS CLARAMENTE TODAS AS COISAS NAS QUAIS ME ESFORÇO.

Unja a área do coração e diga:

> ILUMINE MINHA ALMA, TRANSMITINDO SUA ESSÊNCIA DE PUREZA.

Unja o estômago e a área genital escovando os dedos do umbigo, passando pelos órgãos genitais e, em seguida, apresente ambas as palmas das mãos voltadas para a lua enquanto recita:

> REVELO-LHE MEU EU INTERIOR E PEÇO QUE TODOS SEJAM LIMPOS E PURIFICADOS POR DENTRO.

Coloque uma oferenda de flores para a Deusa entre suas ferramentas rituais, e recite:

> Ó GRANDE SENHORA, PENSE, AINDA QUE POR UM MOMENTO, NESTE ADORADOR. SOB O SOL, AS PESSOAS LABUTAM, ANDAM POR AÍ E CUIDAM DE TODOS OS ASSUNTOS MUNDANOS. MAS, SOB A LUA, SEUS FILHOS SONHAM E DESPERTAM, E EXTRAEM SEU PODER. PORTANTO, ABENÇOE-ME, Ó GRANDE SENHORA, E CONCEDA-ME SUA LUZ MÍSTICA, NA QUAL ENCONTRO MEUS PODERES. ABENÇOE-ME, Ó SENHORA DA LUA.

Segure o Cálice de vinho até a lua e recite:

Ó Antigo Viajante dos Céus Escuros, Mistério dos Mistérios, emana Sua sagrada essência sobre mim enquanto espero abaixo neste tempo determinado. Ilumine minha mente e meu espírito interior, assim como você ilumina a escuridão da noite.

Beba do Cálice e coloque-o de volta no altar. Coloque os biscoitos/bolinhos no Pentáculo e certifique-se de que ainda há vinho no Cálice. Desenhe uma lua crescente sobre os biscoitos/bolos e o vinho com o Bastão e recite:

Bênçãos sobre esta refeição, que é como meu próprio corpo. Pois sem tal sustento, eu pereceria neste mundo. Bênçãos sobre o grão, que como semente entrou na terra onde se escondem profundos segredos. E lá dançou com os elementos e brotou como uma planta florida, ocultando estranhos segredos. Quando você estava na espiga do grão, os espíritos do campo lançaram luz sobre você para ajudá-lo no seu crescimento. Assim, através de você, serei tocado por aquela mesma raça, e os mistérios escondidos dentro de você eu devo obter até o último grão.

Desenhe uma lua crescente sobre o vinho com seu Athame, em seguida recite:

Em virtude desta lâmina sagrada,
seja este vinho a essência vital da Grande Deusa.

Desenhe uma lua crescente sobre os bolos com seu Bastão e depois recite:

Em virtude deste Bastão sagrado,
seja este bolo a substância vital do Grande Deus.

Levante o Pentáculo e o Cálice, olhe para a lua e recite:

Através destes bolos e deste vinho, que a Deusa e o Deus me abençoem e me deem força interior e visão. Que eu possa conhecer aquilo dentro de mim, que é dos Deuses eternos. Que esta bênção seja assim, em nome do Senhor e da Senhora.

Coma uma parte da refeição e beba um pouco do vinho. Deixe um pouco para as libações no final do ritual. O vinho será derramado na terra e os bolos lançados para a lua.

Sente-se agora diante do altar, olhe para a lua e visualize-a como a Deusa aparecendo para você em uma esfera de luz. Beije a palma da sua mão esquerda e estenda-a até ela. Então diga:

> Ó Senhora Brilhante, Rainha de todas as Bruxas, ouça minha adoração. Ouça minha voz enquanto eu falo Seus louvores. Receba minhas palavras enquanto elas sobem para o céu, quando a lua cheia brilha intensamente enchendo os céus com Sua beleza. Veja-me, pois eu venho perante você, e estendo minha mão para o alto em sua direção. Enquanto a lua cheia brilha sobre mim, dê-me todas as Suas bênçãos. (pausa)
>
> Ó Grande Deusa da Lua, Deusa dos Mistérios da Lua, ensine-me segredos ainda não revelados, antigos ritos de invocação, pois eu acredito no credo das Bruxas. E quando procuro conhecimento, procuro e encontro você acima de todos os outros. Dá-me poder, ó Senhora Mais Secreta, e proteja-me dos meus inimigos. Quando meu corpo repousar à noite, fala com meu espírito interior, ensina-me todos os Seus Santos Mistérios. Eu acredito em Sua antiga promessa de que todos os que buscam Sua Santa Presença receberão de Sua sabedoria. (pausa)
>
> Veja, ó Deusa Antiga, eu vim sob a lua cheia neste tempo determinado. Agora, a lua cheia brilha sobre mim. Ouça-me e lembre-se de sua antiga promessa. Deixe sua glória brilhar sobre mim. Abençoe-me, ó Graciosa Rainha dos Céus. Em seu nome, que assim seja.

Agora é hora de abençoar cada uma das ferramentas primárias, "banhando-as" ao luar. Polvilhe um pouco de água em cada ferramenta com a mão esquerda, segure o instrumento em direção à lua e vire-o sob a luz da lua.

Antes de completar o ritual, um trabalho de Magia ou um lançamento de feitiço pode ser executado. Quando terminar, remova todos os itens do altar e guarde-os. Ofereça libações à terra e à lua. A celebração agora está concluída.

Sobre a Refeição Ritual Sagrada

Na religião da Bruxaria, os rituais costumam girar em torno de uma refeição sagrada. Desde os tempos antigos, as festas sempre fizeram parte da celebração. Em muitos casos, as festas contêm elementos simbólicos e religiosos associados à comida e à bebida. A Bruxaria não é exceção, e a refeição ritual apresenta uma profunda conexão com as antigas tradições de mistério europeias.

O simbolismo interno da refeição ritual está conectado com dois ensinamentos de mistério essenciais de origem pré-cristã: os "Mistérios dos Grãos" e os "Mistérios do Graal". Esses dois mistérios compartilham uma conexão com outro ensinamento conhecido como os "Mistérios de Fermentação". Este ensinamento de mistério, por sua vez, está associado a outro chamado "Mistérios de Transformação". Tudo isso é abordado com mais detalhes em meu livro anterior *The Wiccan Mysteries*, então não vou entrar em grande profundidade aqui e agora. No entanto, uma breve visão geral seria útil para os fins deste capítulo.

Na Bruxaria Moderna, a "refeição sagrada" é muitas vezes referida como "Bolos e Vinho". Para evitar associações sobrepostas, para o propósito deste livro (e por uma questão de simplicidade), vou me referir aqui aos bolos como a substância do Deus e ao vinho como a essência da Deusa. Os bolos e o vinho representam os elementos tangíveis das qualidades do Deus e da Deusa expressas na Natureza. De uma perspectiva mágica, o bolo é chamado de "substância vital" do Deus, e o vinho é chamado de "essência vital" da Deusa.

Comer os bolos e consumir o vinho é transferir uma porção da quintessência do Deus e da Deusa para dentro de si mesmo.

De uma perspectiva metafísica, isso faz com que ocorra um alinhamento até o nível celular do corpo. Nas antigas Tradições de Mistério, depois que alguém consumia a refeição sagrada, estas palavras eram ditas: *"Que venha a saber que aquilo que está dentro de você pertence aos Deuses eternos"*. Essas palavras abordaram a questão central, que é o alinhamento com a centelha divina dentro da alma que mora dentro do corpo físico.

Traços dessa antiga Tradição de Mistérios são encontrados também no catolicismo moderno, onde os seguidores dessa fé participam do sacramento da comunhão. Isso envolve comer uma hóstia de comunhão e beber vinho de um cálice, que deve representar o corpo e o sangue de Jesus Cristo. Ao contrário da antiga Tradição de Mistérios, aqui a refeição e a bebida não refletem os elementos masculinos e femininos da divindade.

Libações

Seguindo um ritual de Bruxaria, qualquer resto de vinho no Cálice é derramado na terra. Este ato é chamado de libação e constitui uma oferenda. Derramar o vinho no solo é um antigo ato de veneração tanto para os espíritos da Natureza quanto para as entidades ctônicas. Na Bruxaria Antiga, libações eram derramadas em honra a Hécate e Prosérpina.

Uma vez que as libações são oferecidas, as sobras do bolo são feitas para a lua ou para o céu noturno, caso não haja lua visível. Antigamente, as oferendas lançadas ao céu noturno serviam para venerar a Deusa Diana. Assim, despejar libações e jogar pedaços de bolo foram combinados para homenagear os aspectos tríplices da Deusa das Bruxas: Hécate, Diana e Prosérpina.

É uma prática antiga da Bruxaria enviar um beijo para a lua ao fazer libações e oferendas. Isso é feito com a mão esquerda, beijando a parte carnuda do polegar perto da palma e, em seguida, jogando o beijo para a lua. Ao continuar este velho costume nos tempos modernos, a prática da Bruxaria é sempre mantida antiga e sempre nova.

Agora é hora de ir para o último capítulo antes de nos separarmos na encruzilhada.

12
ALGUMAS PALAVRAS DE DESPEDIDA

Chegamos agora ao fim de nossa exploração da alma da Bruxa. Diante de você agora está o que chamamos na Arte como "o caminho bem-sucedido". Visualize um campo dourado de grãos se estendendo até o horizonte, sem sinais de civilização humana. Uma única trilha corta o campo, estende-se profundamente na expansão e então desaparece completamente na vegetação densa. Examinando mais de perto, encontramos um caminho bem usado pelos passos daqueles que percorreram esse caminho desde, talvez, o início dos tempos.

À medida que seguimos este caminho profundamente no campo, a estrada às vezes é lisa e outras vezes esburacada e coberta com pedras afiadas. Há momentos em que o caminho é dificilmente discernível, mas ainda assim grandes porções dele são largas e claramente visíveis. O percurso foi pavimentado pelos exploradores que o trilharam há muito tempo. Mais à frente no caminho, ouvimos as vozes daqueles que viajaram mais além do ponto em que nos encontramos. Às vezes, eles ligam de volta para nós, alertando-nos sobre o que esperar ao continuarmos nossa jornada e nos dando alguns conselhos baseados em suas experiências pessoais ao caminharmos nesta estrada.

Alguns dizem que esse caminho não tem fim; outros dizem que termina e, se você continuar além do ponto por onde os outros caminharam, você mesmo deve desobstruí-lo ainda mais. Estender o caminho para si mesmo também o estende para aqueles que vêm atrás de você. Ocasionalmente, encontramos trilhas menores indo e vindo.

Se esses são os sinais de algum pioneiro de sucesso, ou aqueles que se perderam, ou outros que desistiram e deixaram o caminho, é difícil saber com algum grau de certeza.

Quando me aventurei pela primeira vez na comunidade da Bruxaria, há mais de trinta anos, ela era chamada de "A Antiga Religião" e muitas vezes referida como "o Caminho Antigo". No entanto, nos primeiros dias da Arte na área de San Diego (por volta de 1969), havia poucas lojas de Bruxas a serem encontradas, e a maioria delas se passava por lojas de suprimentos de ervas. Havia poucos professores da Arte que alguém poderia encontrar sem as conexões "adequadas". Livros sobre Bruxaria, escritos por Bruxas, eram extremamente raros (especialmente os de valor).

Hoje a comunidade de Bruxaria está relativamente aberta e a maioria das cidades tem uma loja de Bruxaria ou loja da Nova Era. Entre a grande abundância de livros publicados por aqueles que se autodenominam "Bruxas" hoje, há muitos de valor para o leitor iniciante e intermediário. Professores da Arte podem ser encontrados na maioria das grandes cidades, e muitas revistas Pagãs veiculam anúncios de cursos por correspondência. No entanto, isso requer mais cautela e discernimento e mais cuidadoso do que nunca.

No momento da escrita deste livro, havia muitas fontes respeitadas disponíveis como um ponto de partida para buscadores e iniciantes. Revistas como *Sagewoman*, *Circle Magazine*, *PanGaia*, e *New Witch* são publicações muito populares e respeitadas.

Essas publicações específicas enfocam os aspectos femininos da religião da Natureza e são voltadas principalmente para o público feminino. Na Internet, você pode encontrar um site de rede muito popular chamado *"The Witches' Voice"*[27](www.Witchvox.com). Ele foi projetado para ser valioso tanto para homens quanto para mulheres.

Muitas cadeias de livrarias modernas, como a Borders e a Barnes & Noble, têm uma seção New Age e oferecem uma grande seleção de livros sobre Bruxaria. Pequenas livrarias e lojas de Bruxas também oferecem muitos livros sobre Bruxaria e tópicos relacionados. Eu encorajo todos a apoiarem essas pequenas lojas para que permaneçam disponíveis como um recurso da comunidade. Esses lugares oferecem

27. N.T.: Em dezembro de 2019 o site foi desativado.

aulas de Bruxaria e servem como excelentes locais para encontrar outras pessoas com ideias semelhantes.

O antigo caminho está à sua frente, ou você já pode ter começado a percorrê-lo. Existe um velho ditado entre as Bruxas: "Quando o aluno está pronto, o professor aparece". O que você vai descobrir, também, é que muitos de seus professores não serão formais. Em vez disso, eles serão encontrados entre seus companheiros no caminho. Em minha própria jornada nesses muitos longos anos, descobri que alguns de meus melhores professores foram meus próprios alunos. Para citar um Vulcano: "Não é lógico, mas geralmente é verdade".

Sabedoria verde

Ao refletir sobre meus dias na Arte, lembro-me com carinho do jardim de ervas que minha mãe tinha quando eu era criança. Foi lá que aprendi a amar a Natureza e os Antigos Caminhos. No jardim da minha mãe, encontrei pela primeira vez a Magia popular e o folclore enraizado nas ricas tradições da Velha Europa. Aqui, abracei as verdades simples de um antigo sistema camponês conhecido como "Antiga Religião" ou "Bruxaria".

Quando trabalhava no jardim, minha mãe costumava me chamar para ficar ao seu lado quando eu era criança. Ela apontava para uma determinada erva e dizia: *"Eu já disse a você o que fazemos com esta?"*

Isso sempre significava que um ensino estava para começar. Se eu parecesse distraído e não conseguisse mostrar a ela toda a minha atenção, minha mãe sorria e dizia: *"Bem, talvez em outra hora"*. Isso sempre sinalizou que o ensino não aconteceria hoje, por mais que eu reclamasse e protestasse.

A oportunidade de aprender algo agora havia desaparecido tão rapidamente quanto surgira. De todas as lições importantes que acredito ter aprendido nesta vida, nenhuma foi mais importante do que esta única lição: "Esteja totalmente presente em tudo o que você faz e aprecie cada oportunidade que surgir no seu caminho". Olhando para trás ao longo dos anos, percebo agora que minha mãe me ensinou autodisciplina e foco. Sem essa base, não acredito que um dia teria alcançado o sucesso que se seguiu em minha vida.

Neste livro, tentei transmitir um sentido dos Antigos Caminhos que podem enriquecer a vida de determinada pessoa e a sua própria experiência de vida. Os antigos métodos nos ensinam que estamos conectados às estações, ritmos e ciclos da natureza. Ao compreender isso, vem o conhecimento de que os eventos em nossa vida têm razão e propósito. Pois nada na Natureza é uma ocorrência aleatória e não relacionada. Quando entendemos que não dominamos a Natureza, passamos a viver em "causa comum" com ela. Somente participando com a Natureza como um de seus componentes dependentes podemos garantir nossa própria sobrevivência como espécie.

Eu acredito que uma das razões iniciais pelas quais as pessoas são atraídas pela Bruxaria é a promessa de aprender Magia. Hoje vivemos em um mundo que parece controlado por pessoas, organizações e eventos fora de nossa influência. A arte da Magia sugere que você e eu temos as ferramentas para mudar essa situação, e de fato temos.

Magia é a arte de atrair energia, focalizando-a no desejo da pessoa e, em seguida, direcionando ambas para que se manifestem em sua vida. Todo ser humano possui essa habilidade, porque todos possuímos dentro de nós a centelha divina daquilo que nos criou. Pense sobre isso por um momento e você vai perceber que é a progênie do que criou o Universo! Portanto, bem no centro do seu ser reside um núcleo que é parte de você e parte daquilo que o criou. Isso o conecta diretamente com a fonte divina de todas as coisas.

Para as Bruxas, a compreensão de nossa conexão viva com a Natureza e a divindade é uma parte fortalecedora da Bruxaria. No jardim de minha mãe, observei a mudança das estações. Nisto, observei a mudança das estações da minha própria existência. Aprendi que me fundir com as forças da Natureza aumentava minhas habilidades mágicas.

Assim como na Natureza, o ciclo da primavera leva ao verão, também a energia do desejo conduz ao fruto desse desejo, se plantada e cuidada. Como Bruxo, logo descobri que plantar ritualmente meus desejos na época do Equinócio da Primavera leva à colheita deles no Equinócio de Outono. Tudo o que desejo remover de minha vida, eu libero ritualmente no Equinócio de Outono. O inverno o apodrece e transforma sua essência em energia renovada bruta para o próximo plantio da primavera.

Em suas próprias estações vindouras, você poderá ver os padrões e adotá-los por meio da Alma da Bruxa. Lembre-se sempre de que você tem a capacidade de explorar as forças naturais que mantêm a harmonia dos elementos criativos. Este é o próprio tecido da criação e, com ele, você mantém o potencial de fazer da sua vida o que quiser.

Alguns pensamentos compartilhados

Nesta seção, coloquei uma coleção do que pode ser chamado de "miniensinamentos" reunidos por meus alunos ao longo dos anos. Eles surgiram de conversas que foram gravadas, bem como de e-mails entre meus alunos e eu. Os alunos extraíram certas frases que tinham significado muito para eles em suas vidas na época, por uma variedade de razões. Um dia fiquei muito honrado em ser presenteado com uma variedade de meus próprios "ditos" que foram coletados por alguns de meus alunos.

Fui encorajado a compartilhar essas observações aqui, neste livro. Essas palavras parecem ter tocado o espírito de certas Bruxas, e se alguém quer saber algo sobre a Alma da Bruxa, que fonte melhor do que as próprias Bruxas. Espero que você também encontre algo de valor nessas palavras.

Observações ao longo do caminho

- Quando nos apegamos a um passado negativo, lutamos contra fantasmas, contextualizados de nossas percepções limitadas. Quando nos banhamos na lembrança de vitórias e conquistas passadas, abraçamos apenas a fragrância agradável de um frasco de perfume vazio. O que quer que eles nos tenham deixado são coisas frágeis do passado. Em um breve momento, podemos perder tudo (bom ou ruim). Portanto, o agora é tudo o que importa. O que fazemos hoje com nossa vida, com nossos pensamentos e com nossos sentimentos é tudo o que realmente importa.
- Ser Bruxo é compreender que temos o poder de moldar as coisas e de decidir como iremos ou não reagir ao ambiente que nos rodeia. Isso ocorre porque tudo é a "Mente". Podemos nos tornar

seus servos ou podemos nos tornar seus dirigentes. Podemos ouvir nossa mente descrever como as coisas são (ou eram), ou podemos dizer como elas são e como serão.

- É importante entender que a vida não é como pedir comida rápida na "Jack-in-the-Box". Nem sempre você consegue batatas fritas, uma bebida, um hambúrguer e uma torta de maçã. Frequentemente, tudo o que podemos conseguir é uma refeição "meio parecida" com o que tínhamos em mente. Mas hey, é comida. É realmente um desperdício de energia preciosa lamentar o que não temos, em vez de aproveitar o que podemos alcançar. Na realidade, tudo o que realmente temos é este exato momento. Então, o que você vai fazer com isso agora? O ontem agora é apenas uma lembrança, boa ou ruim. Amanhã é apenas uma promessa, colorida por nossa mentalidade. O único momento em que realmente podemos fazer alguma coisa é agora.
- Quando a voz que aceitamos nos lembra de nossas falhas, precisamos nos perdoar por nossas fraquezas e erros. Se fôssemos perfeitos, não estaríamos habitando na Dimensão Física. Estamos aqui para aprender lições e obter a sabedoria e a compaixão delas.
- Quando machucamos um pé, é doloroso continuar caminhando sobre ele. Precisamos dar um descanso. Necessitamos reconhecer que nos ferimos. Então, precisamos modificar nosso comportamento e permitir que a lesão cicatrize. Dor é a maneira da natureza de dizer "pare de fazer isso". O mesmo ocorre com a dor emocional. Ela serve ao seu propósito, mas não permite a cura se continuarmos a estimular a dor. Temos que substituir o estimulo pela afirmação de cura: *"Sim, machuquei meu pé, foi estúpido, mas agora vou descansar e curar"*. Em seguida, tomamos medidas para não repetir o que causou a lesão em primeiro lugar. Se continuarmos a repetir os passos que resultaram na lesão, estaremos ouvindo uma voz que dita, em vez de uma que nos guia. Depende de nós.
- Confie que o equilíbrio está garantido nesta vida. No inverno, é inútil ficar furioso contra o frio. Pegue o calor que tiver, participe de acordo com a estação e aguarde a renovação, que é sempre garantida com a chegada da primavera.

- As alegrias e tristezas desta vida ajudam a tecer os padrões de luz e escuridão, que se tornam as cores e desenhos que marcam a nós e nossas falsas prioridades em outro tipo de existência.
- Perguntar o porquê das coisas não é tão importante quanto simplesmente lidar com isso. Essencialmente, a maioria dos acontecimentos em nossa vida são atraídos por nós mesmos. Mas temos o poder de decidir como vamos lidar com isso, como vamos reagir e como vamos nos sentir após o choque inicial. Lembre-se, não somos vítimas do Universo. Somos tecelões e modeladores. Pegue o que é despejado em você e transforme-o em algo mais desejável. É sua escolha ser a vítima ou o autor de sua própria história.
- O que os Deuses não transformam pelo fogo em nós, parece que ateamos fogo nós mesmos. Em um sentido mítico, "inferno" ou "purgatório" é um estado de espírito em que a pessoa queima com um fogo emocional negativo. Mas, como Bruxas e Bruxos, quando já sentimos dor suficiente, retiramos nossa mão do fogo.
- A divindade está dentro de você, seu animal de poder está dentro de você, os espíritos estão ao seu lado e seus ancestrais estão com você. Às vezes, precisamos ouvir a resposta quando pedimos o auxílio. O diálogo interno é como uma linha telefônica ocupada. Fugir tentando consertar todos os problemas de cada pessoa é como não estar em casa quando chega uma ligação importante (e ter esquecido de ligar a secretária eletrônica).
- O Universo está cheio de surpresas. Quando estamos em uma montanha-russa, é sempre melhor simplesmente segurar na barra e manter o foco em manter nosso lugar lá dentro. O passeio é o passeio, gostoso ou não, mas no seu próprio tempo ele para. Então, temos a opção de voltar à linha ou nunca mais fazer isso.
- A questão central é que somos seres espirituais tendo uma experiência humana. O propósito da vida é preparar a alma para o reino em que se destina a habitar. Para conseguir isso, a alma deve aprender a ter compaixão. Para aprender a ter compaixão, é preciso libertar-se do julgamento. Para ser libertado do julgamento, é preciso ver os outros como eles se veem. Para ver os outros como vê a si mesmo, é preciso olhar para a alma interior. Ao olhar para a alma interior, descobriremos outra

alma que também está tendo uma experiência humana. Neste espelho, a pessoa verá seu irmão gêmeo. Ao ver o irmão gêmeo, ela verá a si mesma. Ver a si mesmo nos outros permite corrigir sua própria condição. A correção libera um julgamento, pois a correção resolve, mas o julgamento apenas mantém. Portanto, no final, devemos discernir e perguntar: o que é a coisa certa a fazer? É assim que fazemos a escolha da alma, sempre fazendo o que é certo, principalmente quando não queremos.

- Você já ponderou sobre a diferença entre uma pessoa que está cheia do espírito da Divindade e outra que está simplesmente repleta de seu próprio espírito? Ambos podem parecer ter alegria e ambos podem falar de coisas elevadas. A diferença só fica clara quando essa pessoa está sozinha, sem ninguém por perto para impressionar ou dar falsas impressões. Acho que é por isso que o caminho para as respostas está dentro.
- Muitas pessoas estão procurando um atalho para a iluminação sem ter que fazer nenhum trabalho, mas só para começar, a autodisciplina e o esforço fazem parte do que nos eleva à iluminação.
- A compaixão vem de nossa compreensão da dor. A dor é um purificador e ajuda a forjar nosso espírito como uma ferramenta para que outros se beneficiem. Saber disso não o torna menos doloroso, mas lhe dá um propósito.
- Aceite os presentes que são oferecidos da forma como são oferecidos. O desespero geralmente nasce de nossos medos. O medo nasce de nossas próprias inseguranças. Confie que o Universo está "se desenvolvendo como deveria" e que você não é uma vítima dele, mas, sim, um participante de seus padrões de luz e escuridão. Eu sugeriria que você fizesse uma pausa e afirmasse a luz em sua vida. Sente-se calmamente e visualize-se envolvido por uma luz branca e brilhante. Diga em voz alta:

ESTOU RODEADO PELA PUREZA DA LUZ DIVINA.
NADA ALÉM DO BEM VIRÁ PARA MIM,
NADA ALÉM DO BEM VIRÁ DE MIM.

Repita várias vezes. Também é bom ter um incenso leve e agradável queimando enquanto faz isso. Acima de tudo, você deve perceber que não é uma vítima nesta vida, mas, sim, um participante consciente dela. Pessoas e coisas são apenas catalisadores de nossos sentimentos, mas não podem nos fazer sentir de uma forma ou de outra. Temos o poder de como nos sentimos, como percebemos e como reagimos. A escolha deve ser feita se permitimos que outra pessoa, ou outra coisa, seja responsável por como nos sentimos ou se nós mesmos tomamos a decisão consciente.

- Você sabe que para cada ação há uma reação. Portanto, o que está em sua vida, você traz para ela. Se você está infeliz com sua vida, aja de acordo com ela.
- Os medos podem nos apresentar problemas e nos confundir em relação às ações que devemos ou não realizar. Mas mesmo fazer as escolhas erradas pode nos ajudar a crescer como um ser espiritual. Curiosamente, fazer a escolha certa nem sempre é sem dor e podemos ter medo até de fazer o que é certo. Mas se fazer o certo fosse sempre fácil, então isso se tornaria uma coisa mundana e perderia sua distinção.
- O objetivo de um guia é apontar uma pessoa para a fonte de iluminação e, em seguida, ficar à disposição para ajudar, se necessário. Se uma pessoa não entender, o guia pode indicar outra abordagem ou sugerir que ela tente novamente. Você nunca anda sozinho, mesmo quando sente que está.
- Descobrir nossa natureza divina é começar a entender quem somos e por que somos. Depois disso, devemos fazer algo a respeito.
- As experiências humanas tecem um padrão de luz e escuridão em nossa vida. Não podemos definir algo sem seu oposto. Se não soubéssemos nada sobre o frio, não saberíamos o que significa estar aquecido. Grande parte de nossa força vem das adversidades do passado que experimentamos. É aqui também que residem as raízes da compaixão. Você não pode ser quem você é e quem deveria ser sem a luz e a escuridão de sua experiência de vida. Portanto, abrace as bênçãos da luz e das trevas, pois elas o tornaram único. A singularidade é uma das contribuições vitais que você pode fazer neste mundo.

Para onde agora?

Vários anos atrás, logo após a publicação de meu primeiro livro, recebi um telefonema de uma de minhas tias que moravam na Pensilvânia, com quem eu não falava há muitos anos. O nome dela é Dolly e ela pertence ao lado da minha família que é alemã e escocesa. Ela me ligou para me parabenizar pela publicação de meu livro e, no decorrer de nossa conversa, Dolly me revelou algo que eu não sabia antes.

De acordo com Dolly, meu tio Frank e minha avó (ambos já falecidos) eram feiticeiros holandeses na Pensilvânia. Segundo consta, meu tio realizava curas com fumaça de charuto e minha avó diagnosticava doenças examinando as penas dentro do travesseiro do quarto de um paciente. Ela continuou descrevendo várias coisas que minha avó e meu tio faziam como praticantes. Em seguida, ela disse: *"Sim, eles poderiam ter lhe contado muitas coisas"*, e então ela ficou em silêncio por um momento. Quando voltou a falar, Dolly disse: *"Mas não sobrou ninguém agora para lhe contar nada"*.

Senti uma profunda tristeza ao ouvir as palavras de minha tia. A ideia de que uma escola de conhecimento simplesmente desapareceu com o falecimento de duas pessoas me deixou com um sentimento de perda verdadeira. Existem certas coisas desaparecendo em nosso mundo que provavelmente não seremos capazes de salvar. Eu odiaria pensar que o conhecimento é uma dessas coisas.

Hoje existem duas escolas de Bruxaria. Uma delas está enraizada na religião europeia pré-cristã e contém os velhos conceitos de mistério que antes floresceram e agora residem amplamente nas sombras do mito e da lenda. Esses sistemas contêm conceitos tradicionais construídos em torno do conhecimento, sabedoria e experiência ancestrais. A outra escola surgiu no início dos anos 1980 (embora enraizada na obra de Gerald Gardner, por volta de 1954) e foi construída em torno de visões ecléticas e autoadaptadas, mescladas com uma abordagem intuitiva.

Embora isso demonstre uma bifurcação na estrada para fins práticos, os dois caminhos ainda podem ser explorados ou combinados. Nos apêndices que se seguem, compilei uma lista de livros em categorias que acredito que serão úteis no estudo e na pesquisa da Bruxaria como religião e caminho espiritual. Isso fornecerá ao iniciante um curso básico de estudo, que o guiará ao longo do caminho já usado. Eu encorajo a todos a preservarem o antigo conhecimento contido na Bruxaria antes que ele desapareça completamente sob a onda da transformação moderna.

Para obter mais informações e oportunidades de estudo, entre em contato com College of the Crossroads, PO Box 2315, Valley Center, California 92082 ou www.collegeofthecrossroads.org

Uma palavra para o sábio

Antes de encerrar o livro, acho importante dizer algumas coisas a respeito de uma das influências modernas de rápido crescimento na comunidade da Bruxaria. O que me refiro aqui são as salas de bate-papo e fóruns de discussão da Internet. Se você tiver um computador, poderá acessar uma variedade de salas de bate-papo e fóruns de discussão hospedados em vários sites. O objetivo desses fóruns é fornecer um lugar para as pessoas trocarem informações, envolverem-se em debates saudáveis, criar redes e estabelecer comunidades on-line. Muitas amizades começaram por "encontros" on-line.

A maioria das salas de bate-papo e fóruns de discussão é frequentada por buscadores e iniciantes, bem como por alguns indivíduos mais experientes na comunidade da Arte. Muitas dessas são sinceras e tem bom senso. No entanto, existem outras, cujos motivos reais para serem membros são suspeitos e cuja integridade e conhecimento parecem questionáveis. Esses indivíduos, embora afirmem ser Bruxos, não se comportam como seria o ideal para uma Bruxa em um fórum público. Infelizmente, esses indivíduos também costumam estar entre os membros mais ativos nas salas de bate-papo e nos fóruns de discussão.

Hoje temos esta oportunidade maravilhosa de nos comunicarmos, compartilharmos e nos engajarmos em um debate saudável e produtivo. Com isso, todos podemos ser enriquecidos de muitas maneiras. Mas descobri por experiência própria que uma pequena minoria de pessoas quer gastar seu tempo (e o tempo que outras pessoas têm on-line) com pouco mais do que postagens mesquinhas e comentários maldosos. Eu sugeriria que o tempo é muito precioso e não deve ser desperdiçado dessa forma. Há tantas oportunidades de informação, camaradagem e crescimento aqui, que parece mais saudável nutrir isso em vez de encorajar a negatividade.

O discernimento do espírito é sempre útil. Pessoas que passam o tempo degradando os outros podem não ser aquelas que você deseja conhecer muito bem. Pessoas que demonstram abertamente hostilidade, ódio, desrespeito e intolerância podem não ser quem você deseja abraçar como professores e companheiros na Arte. Pode ser mais benéfico não encorajar essas pessoas respondendo, em vez disso, melhor dedicar seu tempo ao diálogo com pessoas que praticam a cortesia comum e respeitam os outros.

Você encontrará divergências em qualquer sala de chat ou fórum de discussão. Diferenças respeitosas são úteis para revelar perspectivas diferentes, o que é benéfico para nos permitir ver os muitos lados de qualquer questão. Xingamentos, grosseria, arrogância e condescendência são frequentemente sinais de imaturidade emocional. As opiniões de tais indivíduos podem não ser as melhores e mais confiáveis para se chegar a um acordo.

Meu melhor conselho é simplesmente falar suas próprias verdades sem ostentação. Evite discussões que envolvam assassinato de caráter e qualquer crítica generalizada a outras pessoas, pois geralmente é apenas o discurso de quem está infeliz com sua própria vida. Em vez disso, dedique seu tempo a pessoas que pareçam equilibradas, atenciosas, amigáveis e úteis. Este é um uso muito mais produtivo do seu tempo e ajudará a separar as Bruxas verdadeiras daquelas que "falam por falar", e não " agem de acordo com o seu discurso" dentro do nosso caminho.

Partindo na encruzilhada

Ao longo deste livro, examinamos a Alma da Bruxa em uma variedade de formas. Esperançosamente, ao revelar a verdadeira beleza interior da Bruxa, a falsa feiura agora desapareceu. Tenho esperança de que este livro tenha ajudado a dissipar os estereótipos negativos relativos às Bruxas e continue a servir como um auxílio para a compreensão e aceitação.

É hora de nos separarmos, à medida que este livro chega ao fim. É justo dizer que chegamos à bifurcação, à encruzilhada de nossa jornada juntos. Nos tempos antigos, a encruzilhada era sagrada para a Deusa Hécate devido à sua natureza Triforme. O antigo conceito de encruzilhada era onde três estradas se cruzavam, em vez do conceito moderno comum de uma parada de "quatro vias".

A encruzilhada clássica é em forma de "Y" e simboliza o passado, o presente e o futuro. Também representa a língua bifurcada da serpente, que simboliza o poder transformador da cobra de trocar sua pele morta, seguir em frente e continuar a crescer. A cobra usa sua língua para "provar" o ar e discernir o que sente no ambiente circundante. As escolhas feitas pela cobra direcionam seu movimento.

Hécate é uma Deusa que traz mudanças em nossa vida, porque ela nos chama para tomar uma decisão. Ela nos leva a muitas encruzilhadas na vida e depois segura suas tochas para iluminar a estrada que está dividida a nossos pés. Hécate não nos diz que caminho seguir; ela meramente fornece a luz na qual podemos discernir nossa escolha. Talvez a leitura deste livro o tenha levado também a uma encruzilhada.

APÊNDICES

Apêndice Um
Exercicios de Treinamento

A arte da Bruxaria requer o desenvolvimento de fortes habilidades de visualização e poderes de concentração. A concentração pode ser fortalecida com a meditação. A habilidade de uma Bruxa de visualizar e focar sua concentração com distração é essencial para o desempenho da Magia. Conforme observado nos capítulos anteriores, a vontade pessoal também é um componente importante.

Exercício de Visualização

Desenhe uma estrela e pinte-a com um marcador amarelo brilhante ou lápis de cor. Em outras palavras, o corpo inteiro da estrela será amarelo sólido. A estrela deve ter cerca de 2,5 a 5 centímetros de altura (ver a figura a seguir). Quando estiver colorida, fixe seu olhar diretamente no centro da estrela. Olhe fixamente enquanto conta lentamente até o número noventa.

Quando terminar de contar, olhe rapidamente para uma folha de papel em branco (papel de impressão funciona bem) e mantenha o olhar fixo (não olhe ao redor). Em determinado momento, uma estrela azul aparecerá no papel. Se você fechar os olhos, também poderá "ver" a estrela azul.

Você pode usar esta imagem como modelo para fazer a estrela amarela do exercício de visualização.

Repita este exercício várias vezes nos próximos dois ou três dias (mas não em um dia consecutivo). Isso fixará a imagem da estrela azul firmemente em sua memória. A próxima fase é tentar ver a estrela azul contra um fundo branco sem usar a estrela amarela. Na verdade, você tentará se lembrar da imagem em sua mente. Com tempo e prática atenta, você será capaz de reproduzir a estrela azul visualizada.

Quando tiver sucesso, tente usar outras imagens como ponto focal e depois concentre-se em reproduzi-las mentalmente. Quando conseguir "ver" um objeto à vontade por meio da visualização, então você está em um nível suficientemente bom para aplicar sua habilidade a intenções mágicas.

Exercício de Concentração

A capacidade de concentração pode ser fortalecida focalizando a mente em uma figura ou desenho simples. As figuras tradicionais são: triângulo, círculo, quadrado, crescente e oval. Desenhe um dos símbolos em uma folha de papel ou trace um da ilustração abaixo e concentre-se nela por alguns momentos. Em seguida, tente visualizar a figura em sua mente. Seu objetivo é ser capaz de ver a imagem com sua mente e, em seguida, mantê-la por um minuto.

Depois de dominar uma das imagens, passe para a próxima. Quando tiver dominado as cinco figuras, terá atingido o nível necessário para aplicar sua habilidade a trabalhos mágicos. Para uma técnica avançada, pinte as imagens e tente visualizá-las em suas cores. As atribuições de cores tradicionais são: quadrado (amarelo), círculo (azul), triângulo (vermelho), crescente (prata) e oval (preto).

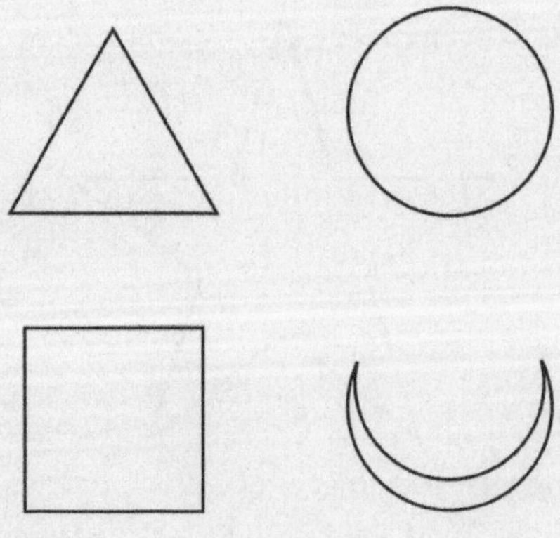

Símbolos para uso em exercícios de concentração.

APÊNDICE DOIS
ALTARES DAS BRUXAS

Esta seção irá fornecer alguns modelos de altar que são mais simbólicos e envolventes do que os descritos em vários capítulos do livro. As Bruxas costumam usar diferentes tipos de altares para diferentes propósitos. A seguir estão alguns exemplos que você pode usar.

Para o Ritual

Coloque o Pentáculo diretamente centralizado no altar. Em seguida, coloque tigelas ao redor do Pentáculo para simbolizar as substâncias elementais criativas das quais todas as coisas são criadas: Terra, Ar, Fogo, Água. A tigela que representa a Terra é colocada na posição Norte e contém areia, pequenas pedras ou sal. Para o Leste, coloque a tigela elemental contendo incenso (fumaça) para representar o Ar, e para o Sul uma tigela com uma vela votiva vermelha para o Fogo. Na colocação ocidental, no Oeste, coloque uma tigela de água purificada para representar a Água.

O Bastão ritual é colocado na borda Leste do altar. A Adaga ritual é colocada na extremidade Sul. O Cálice está colocado próximo à borda Oeste do altar. Você vai notar que o Pentáculo não está na extremidade norte, mas, sim, no centro do altar. Isso ocorre porque aqui o Pentáculo representa o plano físico, o ponto focal da energia ritual. Ferramentas mundanas, como facas, apagadores de velas e assim por diante, podem ser colocadas na seção Sul do altar para fácil acesso. Com esse arranjo, o altar ritual está completo.

Para o Feitiço

Coloque o Pentáculo em direção à borda superior, centralizado lado a lado no altar. Disponha uma tigela metálica (tigela resistente ao fogo) contendo um líquido inflamável, como perfume ou licor, centralizada diretamente no altar. Este líquido vai queimar com uma linda chama azul, representando a presença da Divindade. No lugar do fluido, você pode queimar uma vela em um recipiente de vidro azul. Em seguida, coloque tigelas elementais ao redor da tigela central ou castiçal de vidro azul (as substâncias elementais criativas a partir das quais todas as coisas se manifestam). Essas tigelas contêm representações dos quatro elementos: Terra, Ar, Fogo e Água. A tigela que representa a Terra está colocada na posição Norte e contém sal. Para o Leste, coloque a tigela contendo incenso (fumaça) para representar o Ar. Para o Sul coloque uma tigela com uma vela votiva vermelha para o Fogo, e para o Oeste é posicionada uma tigela com água purificada.

O Bastão ritual é colocado ao lado da tigela elemental do Ar. A Adaga ritual é colocada perto da vela votiva elemental e o Cálice perto da tigela de Água. Ferramentas mundanas, como facas, apagadores de velas e assim por diante, podem ser colocadas no Norte. Com este arranjo, o altar agora está completo.

Para Objetos de Bênção

Este tipo de altar é usado para consagrar ferramentas rituais, amuletos, joias pessoais ou qualquer coisa que queira tratar como especial. No centro do altar, coloque uma tigela com água purificada de tamanho médio. Prepare um chá feito com as seguintes ervas: alecrim, hissopo e acácia. Em seguida, despeje esta mistura de ervas na tigela. Adicione três pequenas pitadas de sal à mistura. Ao abençoar joias pessoais, você também pode adicionar três gotas de seu perfume favorito à mistura. Isso vai ajudar a tornar o alinhamento único para você.

É bom colocar uma estátua do Deus e da Deusa no altar para representar o ponto de encontro com a divindade enquanto você realiza as bênçãos. Segure o objeto sendo abençoado até cada imagem divina e peça bênçãos em nome de sua Deusa e Deus. Uma concha de cauri ou pedra da lua pode ser colocada em seu altar para se conectar com a essência da Deusa. Um pedaço de chifre de veado, chifre de cabra ou chifre de touro pode ser colocado no altar para se alinhar com a essência do Deus.

Coloque quatro pequenas tigelas perto da parte inferior do altar, formando uma cruz equilátera. Estas serão suas tigelas elementais. Na tigela de cima, coloque um pouco de sal. Na tigela da direita, coloque algumas folhas de hortelã. Na tigela inferior, coloque uma vela votiva vermelha. Na tigela esquerda, despeje um pouco de água limpa. No centro, entre as tigelas, coloque um pequeno recipiente com incenso para queimar; incenso de sangue-de-dragão funciona muito bem.

Para abençoar um objeto, mergulhe-o na tigela central com água. Em seguida, apresente o objeto a cada uma das imagens da divindade. Depois, toque o objeto em cada uma das tigelas elementais. Termine passando o objeto pelo incenso de sangue-de-dragão. O simbolismo disso é o seguinte. A água representa o nascimento. Apresentar o objeto às estátuas da divindade simboliza a ligação do pai com o filho mágico. Tocar o objeto em cada tigela elemental potencializa o alinhamento dos elementos criativos que fornecem a essência vital. Conclua passando o objeto pela fumaça do incenso, que simboliza que a bênção é feita em harmonia com o espírito que une os quatro elementos.

APÊNDICE TRÊS
LEITURA SUGERIDA

A lista de livros a seguir fornecerá a você uma base sólida para a compreensão da estrutura básica da Arte, seus princípios, práticas e rituais.

Categoria Um: Básico

The Witches' Way: Principles, Rituals, and Beliefs of Modern Witchcraft by Janet and Stewart Farrar. Robert Hale, 1984.

Eight Sabbats for Witches by Janet and Stewart Farrar. Robert Hale, 1981.

Witchcraft from the Inside by Ray Buckland. Llewellyn Worldwide Ltd., 1995.

Witchcraft Today by Gerald Gardner. Citadel Press, 1973.

The Meaning of Witchcraft by Gerald Gardner. Samuel Weiser, 1976.

The Rebirth of Modern Witchcraft by Doreen Valiente. Robert Hale, 1989.

Witchcraft: A Tradition Renewed by Doreen Valiente and Evan Jones. Phoenix Publications Inc., 1990.

Witchcraft for Tomorrow by Doreen Valiente. St. Martin's Press, 1978.

The Secrets of Ancient Witchcraft, with the Witches' Tarot by Arnold and Patricia Crowther. University Books, Inc., 1974.

Categoria Dois: Religião e Espiritualidade

A Witch Alone by Marian Green. Aquarian Press, 1991. Wicca, The Old Religion in the *New Age by* Vivianne Crowley. Aquarian Press, 1989.

The Philosophy of Witchcraft by Ian Ferguson. George G. Harrap & Co. Ltd., 1924.

The Great Mother by Erich Neumann. Princeton University Press, 1974.

The Wiccan Mysteries by Raven Grimassi. Llewellyn Publications, 1997.

Woman's Mysteries: Ancient & Modern by M. Esther Harding. Shambala, 1990.

Categoria Três: A Tradição dos Mistérios

The Underworld Initiation by R. J. Stewart. Aquarian Press, 1985.

Power Within the Land by R. J. Stewart. Element, 1994. Western Inner Workings by William Gray. Samuel Weiser, 1983.

The Roebuck in the Thicket by Evan John Jones and Robert Cochrane. Capall Bann Publishing, 2001.

Witchcraft, A Tradition Renewed by Doreen Valiente and Evan Jones. Phoenix Publishing Inc., 1990.

Categoria Quatro: Estudos Relacionados

Wiccan Roots: Gerald Gardner and the Modern Witchcraf Revival by Philip Heselton. Capall Bann Publishing, 2000.

The Cauldron of Change: Myths, Mysteries and Magick of the Goddess by De-Anna Alba. Delphi Press, 1993.

The Spiral Dance: A Rebirth of the Ancient Religion of the Great Goddess by Starhawk. Harper San Francisco, 1999.

The Mysteries of Britain: The Secret Rites and Traditions of Ancient Britain Restored by Lewis Spence. New Castle Publishing, 1993.

Magic Arts in Celtic Britain by Lewis Spence. Aquarian Press, 1970.

The Fairy Tradition in Britain by Lewis Spence. Kessinger Publishing Company, n.d.

Categoria Cinco: Obras Clássicas

The White Goddess by Robert Graves. Farrar, Straus and Giroux, 1974.

The Golden Bough by James G. Frazer. MacMillan Company, 1951.

Witches: The investigation of an ancient religion involving the worship of Diana – the Witch Cult – laying as much stress on the consorts of the goddess and on the lady herself by T. C. Lethbridge. Citadel Press, 1962.

The Witch Cult in Western Europe by Margaret A. Murray. Barnes & Noble, 1996.

The God of the Witches by Margaret A. Murray. Oxford University Press, 1952.

GLOSSÁRIO

Agrário: no que diz respeito à agricultura e ao cultivo de terra. Uma comunidade agrícola e as crenças e práticas de tais grupos.

Água: um dos quatro elementos da criação. O princípio de mutabilidade, dissolução e movimento. A qualidade espiritual da adaptação e da emoção.

Ar: um dos quatro elementos da criação. O princípio de expansão e movimento. A qualidade espiritual da mente e dos pensamentos.

Boneca(o): uma pequena imagem geralmente feita de tecido e moldada à imagem de uma pessoa com a intenção de encantar o indivíduo. Um boneco(a) é recheado com ervas simbólicas e geralmente contém uma mecha de cabelo ou alguns pedaços de unha do indivíduo, cuja semelhança é retratada.

Circe: nos antigos escritos gregos e romanos, Circe era uma Feiticeira e uma Bruxa. Um de seus primeiros contos aparece na Odisseia de Homero.

Ctônico: uma referência a divindades e espíritos do Submundo. A palavra é derivada do grego *khthonios* (da terra) e *khthon* (da Terra).

Diana: uma Deusa romana semelhante à Ártemis grega. Na Bruxaria clássica, Diana era um dos três aspectos de Hécate. Em seu primeiro culto, ela era adorada como uma Deusa-Mãe, mais tarde, como uma divindade que ajudava no parto. Eventualmente, foi simplesmente retratada como uma Deusa da Lua e uma divindade presidindo os jogos selvagens da floresta e dos bosques.

Espíritos Elementais: seres que trabalham e vivem no reino elemental. Espíritos conhecidos como gnomos, silfos, salamandras e ondinas. Os espíritos da Terra, Ar, Fogo e Água.

Etérico: uma substância não física semelhante a vapor, uma substância espiritual sentida em forma de energia.

Fogo: um dos quatro elementos da criação. O princípio de transformação, vitalidade e estímulo. A qualidade espiritual de motivação e energização.

Hécate: uma Deusa grega originalmente retratada como uma das Divindades Titãs Anciãs que existiam antes dos Deuses Olímpicos.

Hesíodo: poeta grego que viveu no século 8 AEC, famoso por seus escritos. *Os Trabalhos e os Dias* e a *Teogonia*, que forneceu o primeiro registro escrito dos contos bárdicos do Mar Egeu/ Mediterrâneo sobre os Deuses e o início do mundo.

Homero: poeta épico grego que viveu por volta de 850 AEC, famoso por seus trabalhos, *Ilíada* e *Odisseia*.

Horácio: poeta lírico romano do primeiro século AEC, famoso pelo seu trabalho *Epodos*, entre muitos outros. Seus escritos tiveram grande influência na poesia inglesa.

Iconografia: representação pictórica de um objeto, como um desenho ou uma estátua. Um conjunto de formas simbólicas específicas associadas a um determinado tema relacionado a uma imagem.

Lucano: poeta romano do primeiro século EC.

Medeia: uma Bruxa que aparece na literatura da Bruxaria clássica como poderosa Feiticeira e Sacerdotisa da Deusa Hécate.

vigilantes: comunhão espiritual de tutores que outrora acreditavam existir na forma material. Eles há muito evoluíram em seres espirituais e são a base para lendas sobre anjos, guias espirituais e vários seres do "Outromundo".

Ovídio: poeta romano (43 AEC – 17 EC) famoso por seu trabalho intitulado *Metamorfose* (entre outros).

Panteão: Deuses e Deusas que são únicos para uma cultura ou grupo de pessoas.

Paracelso: alquimista suíço-alemão do século 14.

Pitágoras: filósofo e matemático grego do século 6 AEC. Uma Escola de Mistérios foi estabelecida por seus seguidores no sul da Itália, em Crotona. O anel de Pentagrama se tornou um símbolo dessa seita.

Plano Astral: reino em que "os pensamentos se materializam". Aqui, a Magia cria raízes à medida que os pensamentos são formados em representações visuais coesas. Uma vez enraizada, a energia faz com que uma réplica material se forme dentro da dimensão material.

Plano Elemental: um dos sete planos de manifestação. A dimensão da criatividade e as qualidades etéricas da Terra, do Ar, do Fogo e da Água.

Plano: uma dimensão no tempo e no espaço. Na tradição oculta são sete os planos que abrangem toda a existência: Superior, Divino, Espiritual, Mental, Astral, Elemental e Físico.

Platão: filósofo grego, aluno de Sócrates. Viveu na Grécia e fundou sua Academia por volta de 386 AEC.

Prosérpina: Deusa romana semelhante à Perséfone grega. Na Bruxaria clássica, Prosérpina era um dos três aspectos de Hécate. Em seu primeiro culto, ela era vista como uma Deusa do Submundo e, mais tarde, como uma Deusa da Lua presidindo as almas que partiram.

Terra: um dos quatro elementos da criação. O princípio de coesão, estabilidade e fortaleza. A qualidade espiritual da solidariedade.

Triformis: de tríplice natureza, sendo composta por três formas ou aspectos.

BIBLIOGRAFIA

ADLER, Margot. *Drawing Down the Moon: Witches, Druids, Goddess Worshippers & Other Pagans in America Today.* New York: Viking Press, 1979.

ALBA, De-Anna. *The Cauldron of Change: Myths, Mysteries and Magick of the Goddess.* Oak Park: Delphi Press, Inc., 1993.

ANDERSON, Graham. *Fairytale in the Ancient World.* London: Routledge, 2000.

ANKARLOO, Bengt, e STUART, Clark. *Witchcraft and Magic in Europe: Ancient Greece and Rome.* Philadelphia: University of Pennsylvania Press, 1999.

BARING, A., e CASHFORD, J. *The Myth of the Goddess: Evolution of an Image.* London: Arkana Press, 1993.

BECK, Adams L. *The Way of Power: Studies in the Occult.* New York: Cosmopolitan Corp., 1928.

BERGER, Helen A. *A Community of Witches: Contemporary Neo-Paganism and Witchcraft in the United States.* Columbia: University of South Carolina Press, 1999.

BERGMAN, Charles. *Orion's Legacy: A Cultural History of Man as Hunter.* New York: Dutton, 1996.

BORD, Janet e Colin. *Earth Rites: Fertility Practices in Pre-Industrial Britain.* London: Granada Publishing Ltd., 1982.

BRESLAW, Elaine G. *Witches of the Atlantic World.* New York: New York University Press, 2000.

BRIGGS, Katharine. *The Vanishing People: Fairy Lore and Legends.* New York: Pantheon Books, 1978.

BRIGGS, Robin. *Witches & Neighbors: The Social and Cultural Context of European Witchcraft.* New York: Viking, 1996.

CAMPBELL, Joseph. *Primitive Mythology: The Masks of God.* New York: Arkana, 1991.

CANEPA, Nancy L. *Out of the Woods: The Origins of the Literary Fairy Tale in Italy and France.* Detroit: Wayne State University Press, 1997.

CARPENTER, Edward. *The Origins of Pagan and Christian Beliefs.* London: Senate, 1996.

DAVIES, Morganna e LYNCH, Aradia. *Keepers of the Flame: Interviews with Elders of Traditional Witchcraft in America.* Providence: Olympian Press, 2001.

DUMEZIL, Georges. *Archaic Roman Religion.* Baltimore and London: Johns Hopkins University Press, 1996.

EVANS-WENTZ, W. Y. *The Fairy Faith in Celtic Countries.* New York: Carol Publishing Group, 1994.

FALASSI, Alessandro. *Folklore by the Fireside: Text and Context of the Tuscan Veglia.* Austin: University of Texas Press, 1980.

FARRAR, Janet e Stewart. *The Witches' Way: Principles, Rituals and Beliefs of Modern Witchcraft.* London: Robert Hale, 1984.

FORTUNE, Dion. *Aspects of Occultism.* Wellingborough: Aquarian Press, 1973.

FRAZER, James G. *Myths of the Origin of Fire.* London: Trinity College Press, 1930.

GARDNER, Gerald B. *Witchcraft Today.* Secaucus, N. J.: Citadel Press, 1973.

GEORGE, Demetra. *Mysteries of the Dark Moon.* New York: HarperCollins, 1992.

GIMBUTAS, Marija. *The Goddesses and Gods of Old Europe.* Berkeley: University of California Press, 1982.

GREEN, Marian. *A Witch Alone.* London: Aquarian Press, 1991.

GREENWOOD, Susan. *Magic, Witchcraft and the Otherworld.* New York: Berg, 2000.

GRIFFYN, Sally. *Wiccan Wisdom Keepers: Modern Witches Speak on Environmentalism, Feminism, Motherhood, Wiccan Lore, and More.* Boston: Weiser Books, 2002.

GUAZZO, Francesco Maria. *Compendium Maleficarum.* New York: Dover, 1988.

HARDING, M. Esther. *Woman's Mysteries: Ancient & Modern.* Boston: Shambala, 1990.

HAZLITT, W. C. *Dictionary of Faiths & Folklore.* London: Bracken Books, 1995.

HUTTON, Ronald. *The Triumph of the Moon: A History of Modern Pagan Witchcraft.* New York: Oxford University Press, 1999.

JOHNSTON, Sarah Iles. *Hekate Soteira: A Study of Hekate's Roles in the Chaldean Oracles and Related Literature.* Atlanta: Scholar's Press, 1990.

KERENYI, Carl. *Dionysos: Archetypal Image of Indestructible Life.* Princeton: Princeton University Press, 1976.

KINGSLEY, Peter. *Ancient Philosophy, Mystery, and Magic.* Oxford: Oxford University Press, 1995.

LATTIMORE, Richmond. *Hesiod: The Works and Days, Theogony, and The Shields of Herakles.* Ann Arbor: University of Michigan Press, 1959.

LELAND, Charles G. *Etruscan Roman Remains.* London: T. Fisher Unwin, 1892.

LUHRMANN, T. M. *Persuasions of the Witch's Craft: Ritual Magic in Contemporary England.* Cambridge: Harvard University Press, 1989.

MANCIOCCO, Claudia e Luigi. *Una Casa Senza Porte.* Rome: Melusina Editrice, 1995.

MARLER, Joan, editor. *From the Realm of the Ancestors: An Anthology in Honor of Marija Gimbutas.* Manchester: Knowledge, Ideas, and Trends, Inc., 1997.

MERCATANTE, Anthony S. *Good and Evil in Myth & Legend.* New York: Barnes & Noble Books, 1996.

NEUMANN, Erich. *The Great Mother: An Analysis of the Archetype.* Princeton: Princeton University Press, 1974.

OGDEN, Daniel. *Magic, Witchcraft, and Ghosts in the Greek and Roman Worlds.* New York: Oxford University Press, 2002.

O'KEEFE, Daniel Lawrence. *Stolen Lightning: The Social Theory of Magic.* New York: Vintage Books, 1983.

PAINE, Lauran. *Witchcraft and the Mysteries.* London: Robert Hale & Co., 1975.

PURKISS, Diane. *The Witch in History.* London: Routledge, 1996.

RABINOWITZ, Jacob. *The Rotting Goddess: The Origin of the Witch in Classical Antiquity's Demonization of Fertility Religion.* Brooklyn: Autonomedia, 1998.

SAGAN, Carl e DRUYAN, Ann. *Shadows of Forgotten Ancestors.* New York: Ballantine, 1992.

SPENCE, Lewis. *The Mysteries of Britain: The Secret Rites and Traditions of Ancient Britain Restored.* Van Nuys: New Castle Publishing, 1993.

TURCAN, Robert. *The Cults of the Roman Empire.* Cambridge: Blackwell, 1996.

ULANSEY, David. *The Origins of the Mithraic Mysteries.* New York: Oxford University Press, 1989.

VALE, V. e SULAK, John. *Modern Pagans: An Investigation of Contemporary Pagan Practices.* San Francisco: RE Research, 2001.

VALIENTE, Doreen. *Witchcraft for Tomorrow.* New York: St. Martin's Press, 1978.

VON RUDLOFF, Robert. *Hekate in Ancient Greek Religion.* Victoria: Horned Owl Publishing, 1999.

WARREN, Nathan B. *The Holidays: Christmas, Easter and Whitsuntide: Their Social Festivities, Customs, and Carols.* New York: Cambridge Riverside Press, 1868.

Índice Remissivo

Sobre Raven Grimassi

Raven Grimassi foi um Bruxo praticante e autor de vários livros sobre Bruxaria, incluindo a *Enciclopédia de Wicca e Bruxaria*, que foi premiado como o melhor livro de não ficção pela Coalition of Visionary Retailers, em 2001, e *Mistérios Wiccanianos*, que foi premiado como Livro do Ano e melhor livro de espiritualidade em 1998. Treinado nas Tradições do norte e do sul da Europa, Raven Grimassi também foi um iniciado em várias Tradições Wiccanianas, incluindo a Wicca Britânica, a Gaélica-Picta e a Bruxaria Italiana. Grimassi foi Elder e Diretor da Arician Ways e coproprietário da Raven's Loft, uma loja na Internet especializada em itens de Bruxaria (www.ravensloft.biz). Foi também professor e praticante de Wicca e Bruxaria por mais de trinta anos, e seus ex-alunos incluem os autores Scott Cunningham e Donald Michael Kraig. Raven foi um grande especialista no tópico da Bruxaria italiana e a maior autoridade nas obras de Charles Godfrey Leland nesse campo. Participou de programas de televisão e em rádios, e foi um palestrante popular em festivais e convenções em todo o país, onde conduzia uma variedade de workshops sobre Magia.

Esta edição foi composta pela Ardane, São Paulo, SP.
Os papéis utilizados foram o polen natural para o miolo e o cartão triplex para a capa. O texto principal foi composto em fonte [Linux Libertine, 12 e entrelinhamento 14,4] e os títulos em [Cairlinn, 25 e entrelinhamento 22].
Impresso no Brasil.